# 방위병 아버지와
# 병장 아들

# 방위병 아버지와 병장 아들

양원희 지음

이담 Books

# 책머리에

태어나 성장하고 죽음에 이르는 과정은 모두가 다르다고 생각한다.

각자가 맞닥뜨리는 상황이 저마다 다르고 내 뜻으로 이루거나 남에 의해서 해결되거나 간에 그 모양도 다를 것이다.

이 글은 자랑할 것도, 부끄러워할 것도, 드러낼 것도, 숨길 것도 없는 나만의 모습이다. 남에게 보이기 위해서가 아니라 나보다 더 나은 삶과 미래를 살아갈 딸과 아들을 위해 틈틈이 기록한 것이다.

별 알맹이도 없는 글을 네 권째 출간해주신 채종준 한국학술정보(주) 대표님과 관계자 여러분께 깊은 감사의 말씀을 드린다.

2011년 4월
양원희

# 목 차

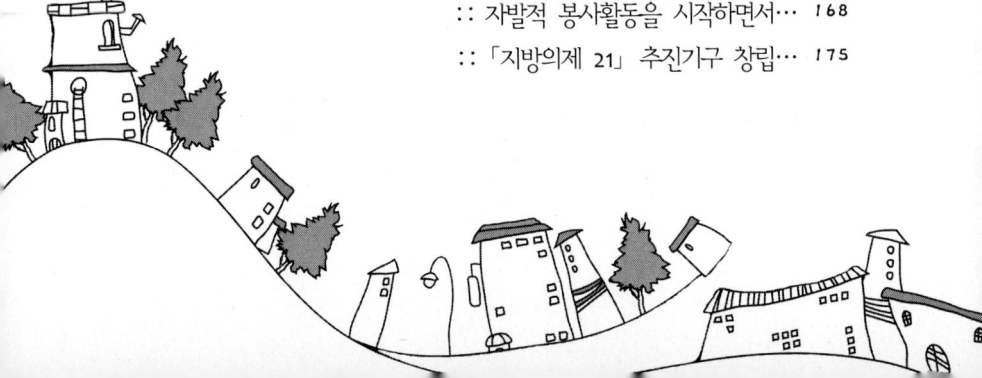

 방위병 복무가 왜 어째서요?

　대한민국에서 괜찮은 남자, 쓸만한 남자, 남자다운 남자로 평가받고 살아가려면 가장 큰 통과의례가 무엇일까? 군대 복무가 아닐까 한다. 대통령부터 시작해서 모든 정치인들을 결코 자유롭지 못하게 만들면서 가장 큰 멍에로 작용하는 것이 도덕성 못지않게 병역을 마쳤는가 하는 점이다. 또한 대중 앞에 얼굴을 자주 보이고 이름이 자주 오르내리는 연예인, 스포츠 스타, 기업인 등 사회적으로 영향력 있는 남자들에게도 예외는 아니다. 남자들만의 자리는 물론, 남녀가 함께하는 자리에서조차 가장 자주, 그리고 큰 화제가 되는 것이 군대에 관한 얘기일 것이다. 병역을 마쳐야 하는 나이를 지난 남자에게 군대는 죽을 때까지 달고 다녀야 하는, 떼어낼 수 없는 이름이나 운명과도 같은 것이다.

　최근 군대 복무에 관한 일로서 국민적인 관심을 끄는 사건은 김황식 국무총리 지명자와 MC몽에 관한 것이다. 이분들은 병역문제로 연일 방송매체나 인터넷을 후끈 달구는 일이기에 여기에서 조금 언급하는 것이다. 김황식 지명자는 1971년에 갑상선 기능 항진증으로 징병을 연기했는데 이듬해 사법시험 합격 뒤에는 좌우시력이 현격히 차이 나는 '부동시'로 병역을 면제받았다는 것이다. MC몽(신동현)은 공무원 시험 응시, 국외 여행 등의 이유로 1999년부터 2006년까지 7차례 군 입대를 연기했다. 2007년 치아 기능점수 미달로 병역 면제 판정을 받을 때까지 12개의 치아를 뽑았는데 그중 4개는 생니를 고의로 뽑았다는 것이다. 사실 여부는 정치적이나 법적으로 판단하겠지만 많은 국민들이 전혀 근거 없는 얘기는 아니라고 생각하는 것 같다. 얼마나 군에 입대하기 싫었으면 생니까지 뽑아가며 국민의 4대 의무 중의 하나인 병역을 기피하는 것일까? 각자에게도 자기들만의 피치 못할 사정과 이유는 있을 것이다. 하여튼 자기가 좋아서 자원입대하는 경우를 제외하고는 군 입대가 쌍수를 들어 환영하면서 반길만한 일이 아님은 분명한 것 같다.

나는 방위병(단기사병)으로서 국방의 의무를 마쳤다. 단기사병은 병역의무를 이행하는 과정에서 현역에 비하여 자유가 많아 병역의무 대상자들이 현역으로 복무하는 것보다 보충역으로 근무하는 것을 훨씬 선호하는 경향이 있다고 한다. 나의 경우에는 처음부터 마음의 작정을 하고 선택하여 모든 수단을 동원하면서 애쓴 노력도 없이 얻어낸 불로소득의 결과이다. 살고 있는 곳이 동해시(구 명주군 묵호읍과 삼척군 북평읍이 합하여 이루어짐)로서 동해안에 위치하고 있다는 것 때문에 취약지 보충역으로 입영 영장을 받은 것이다. 이 지역에 사는 모든 내 또래가 보충역 근무를 한 것은 아니지만 현역으로 입대한 숫자보다는 훨씬 많을 것으로 생각된다. 나의 경우에는 대학교에 진학하지 못했고, 신체적으로는 충치로 인해 결손 치아를 4개 가지고 있던 것이 작용했던 듯하다. 14개월간의 방위병 근무는 내 삶에서 크든 작든 큰 영향을 미쳐왔고, 앞으로도 진행이 될 것으로 생각된다.

단기사병은 대체 무슨 말인가? 방위소집제도를 통상 사회에서 일컫는 말이다. 방위소집제도는 1962년 10월 병역법 개정당시 전시 · 사변 또는 이에 준하는 비상사태하에서 향토방위를 위하여 실역복무를 필한 예비역의 장교, 준사관, 하사관 및 병을 소집하여 유사시에 대비하도록 한 것이 그 시초로서 그 성격상 현재의 병역동원소집제도와 비슷한 것이다. 현역병의 징집과 함께 제1차적 의무부과로서의 방위소집은 1968년 향토예비군 창설 이후 잉여보충역 자원을 활용하여 대간첩 대책 등 향토방위력을 강화하고 해안경비, 무기고 경비 등 군사상 필요에 의하여 실시하는 제도로서 현역 복무와 달리 자가(自家)에서 출 · 퇴근 복무하는 제도이다. 보충역은 즉 군대에서의 복무가 가능하다고 판정된 징병대

상자 중 병력수급으로 남는 인력으로서 현역에 편입되지 않고, 평시에 다르게 복무하도록 되어 있는 병역 제도이다. 1969년 2월 최초 시행 시에는 연간 2,920시간 복무하였고, 1973년 12월부터는 365일 복무(단축자 180일)하였다. 1982년 9월에는 14개월(단축자 6개월)로 바뀌었으며, 1986년 1월부터는 18개월(단축자 6개월)로 연장되었다.

1993년 12월에 법률 제4685호로 25년간 시행되던 방위소집제도가 폐지되면서 1994년 12월 31일까지 방위소집 되지 않은 사람은 공익근무요원으로 1년 6개월간 복무하도록 하였다. 1995년 1월 1일부터 공익근무요원소집제도가 시행되고 있는데 행정관서요원은 28개월, 국제협력봉사요원은 32개월, 예술·체육요원은 36개월간 복무한다. 우리나라는 징병제(徵兵制) 국가로서 구성원(주로 성년의 남성)에게 국토를 방위할 병역의무를 지우고 이를 강제하고 있다. 일정 연령이 되면 징병검사를 받고 군대에 일정기간 복무하도록 법으로 강제 받으며 이와 반대되는 제도는 모병제(募兵制)라고 한다(병무청 자료). 이 제도에 대하여 장황하게 설명하는 이유는 이미 사라진 제도이고, 인터넷 등을 통하여 관련 자료를 쉽게 구할 수 없기 때문이다.

나와 군(軍)은 학업이나 취업 면에서 볼 때 궁합이 잘 맞지 않는가 보다. 육군사관학교를 목표로 정하고 도계중학교를 졸업한 후 1977년 춘천 제1고등학교에 입학하였는데 3년

그러나 후회해 봐도 이제는 돌이킬 수 없는 일이지만 선택의 여지도 없었다. 적은 봉급이었지만 우리 가족의 생계가 걸린 수입이 머지않아 끊어진다고 생각하니 보통 큰일이 아니었다. 가장으로서의 의무와 역할을 할 수 없는 엄청난 사태가 벌어진 것이다. 더욱이 아내는 나와 결혼하면서 직장을 그만두었고, 불과 2개월밖에 되지 않은 딸을 키워야 하니 취직해서 돈을 벌 입장이 되지도 못했다. 방위병 근무하면서 가족의 생계도 책임질 적당한 수입원을 여러 방면으로 찾아보았지만 1년 6개월간밖에 생활하지 않은 낯선 곳이었고, 방위 근무여건이 일정한 직업을 가지면서 확실하게 수입을 올릴 방법이 없었다. 최종적으로 찾아낸 방법은 경험과 돈도 없지만, 처남으로부터 돈을 빌려 구멍가게를 내기로 한다.

1983년 5월에 해군 제1 해역사(제1 함대사령부)로 입대했다. 봉급이 10만 원을 넘지 않던 시기에 2백만 원을 빌려 구멍가게를 차렸고, 처음 몇 달은 그런대로 생활비를 벌며 유지가 되었다. 그러나 외상이 계속 늘어 차용금을 넘긴 상황에서 여유자금이 없으므로 결국 그 해를 넘기자마자 가게를 처분하고 만다. 망하고 난 후에야 차라리 힘들게 가게 내어 아내 고생시키지 말고 아끼면서 생활비로 사용하고 말 것을 잘못 판단했다는 후회가 되었다. 빌린 돈으로 먹고 살면서 돈을 벌어 복직하자마자 원금까지 갚겠다는 실현 불가능한 계획을 세웠다가 돈 날리고, 아내와 딸도 죽도록 고생시켜버린 꼴이 된 것이다.

　군대 이야기가 나오는 자리에서 방위병은 현역병으로부터 늘 비아냥거림과 조롱, 더 나아가 멸시의 대상이 되기까지 한다. 1984년 7월에 소집해제(현역병의 제대)를 받은 이후 지금까지 26년간 군대 이야기를 숱하게 많이 들어왔는데 방위병에 대하여 긍정적이거나 호의적인 경우는 단 한 번도 없었던 것 같다. 현역병은 방위병보다 오랜 기간 군부대에서 엄격한 훈련과 군기 속에서 힘들게 생활하였을 것이다. 하지만 방위병도 근무조건은 다르지만 꼭 필요한 곳에서 현역병을 지원하면서 군 복무를 한 것은 분명하다. 또한 집에서 출퇴근하였으니 국가에서 지출해야 할 예산을 가정에서 부담토록 하여 엄청난 규모의 정부예산을 절감하였을 것이다. 병역 면제자들은 화제의 대상으로 오르는 경우를 거의 보지 못하였는데 방위병을 우습게 보는 사람들의 시각이 어떤지 궁금하다. 해군 방위병 소집해제를 받은 사람으로서 '나와 틀리다'는 것이 아니라 '나와 다르다'는 생각을 가지고 방위병 근무자에 대한 시각이 하루 빨리 바뀌기를 소망한다.

# 죽을 고비를 몇 번 넘기고

누구나 평균수명까지 살아가는 과정에서 죽을 뻔한 사건을 겪게 될 수도 있으리라 생각한다. 생사의 갈림길을 전혀 겪어보지 않고 자기가 원하는 수명을 모두 누리고 사는 사람은 아마도 없을 것이다. 죽음의 고비는 엄마 뱃속에서 나와 세상과 첫 대면을 할 때부터 시작된다고 한다면 너무 비약일까? 그렇지 않다는 것이 내 생각이다. 우리나라의 영아 사망률은 1,000명당 3.4명(2008, 통계청)이고, 임신 관련 모성 사망비율은 100,000명당 39명(직접 산과적 사망 35명)이라고 한다. 이 정도면 출산 과정에서 적지 않은 엄마와 아기가 죽는다고 할 수 있겠다. 또한 10대 사망 원인을 살펴보면 1위인 암을 시작으로 해서 뇌혈관질환, 심장질환, 운수사고, 간 질환, 당뇨병, 자살, 만성하기도 질환, 고혈압성 질환, 호흡기 결핵 순이라고 한다. 이 밖에도 수많은 사망원인이 있겠지만 이런 장애물들을 요리조리 슬기롭게 피하면서 목적지까지(이런 저런 사정으로 해서 각자가 다를 것이다) 가야만 하니 여간 어려운 일이 아닐 수 없다. 가만히 생각해보면 하루하루를 사고 없이 안전하게 생활해 나간다는 것이 '모래알 속에서 진주를 찾는 일'이나 '낙타가 바늘구멍 빠져나가기'에 견줄만하다 싶다.

이런 글을 쓴다고 해서 내가 염세주의적이거나 비관적인 인생관을 가졌다고는 전혀 생각해 본 적이 없다. 그러나 '죽을 고비를 넘긴 것'을 전제로 해서 살아 숨 쉬는 주변을 돌아보니 언제라도 생명을 빼앗아갈 수 있는 요인들이 셀 수도 없이 많다. 잠에서 깨어나 다시 잠이 들 때까지 먹고, 마시고, 움직이는 과정에서 맞닥뜨리게 되는 모든 일과 상황들이 다른 한 편으로 생각해보면 위협적인 일들이 된다는 것이다. 언론매체를 통하여 보도되는 다양한 죽음의 원인들을 살펴보면 상상할 수도 없고 어처구니도 없는 죽음들이 얼마나 많은가 말이다.

세상에 가장 황당하게 죽은 사람들을 꼽는 '2009 다윈상'이 발표되었는데 2009년도에는 3냉을 수상자로 신징했디고 한다. 다윈상은 미국의 기자 웬디 노스컷이 인간의 멍청함을 알리기 위해 제정한 것인데 자신의 열등한 유전자를 스스로 제거함으로써 인류의 우월한 유전자를 남기는 데 공헌한 사람들에게 주는 상으로 이른바 어처구니없는 죽음을 당한 사

람들에게 주어지는 상(위키백과사전)이라고 한다. 수상조건은
① 자신의 죽음에 스스로 원인을 제공할 것 ② 정상적인 지적
능력을 가지고 있을 것 ③ 신문, TV 보도, 믿을만한 사람의
증언 등 출처가 분명한 사건일 것 등인데 오죽했으면 이런
말도 안 되는 상이 다 있을까 하는 생각이 든다.

첫 번째 죽을 고비는 전라북도 순창에서 초등학교 저학년
에 다니던 때로 기억된다. 당시에 부모님의 사정이 아주 좋
지 못해 큰아버지 집에서 더부살이하면서 사촌들과 학교를
다녔다. 갈등이 없지는 않았지만 비교적 잘 지냈는데 어느
날엔가 싸움이 크게 벌어졌고 사촌 형이 낫을 들고 죽이겠
다고 해서 뭐가 빠져라 도망을 다녔다. 어린 나이에 정말 낫
으로 해를 입히기야 하였을까마는 두려움과 생명에 대한 위
협을 느꼈기 때문에 도망을 하였고, 지금까지도 그 기억은
생생하다.

두 번째는 강원도 도계에서 초등학교 6학년에 다니던 1973년
으로 기억된다. 부모님 및 동생 둘과 같이 남의 집에 세를
들어 살다가 단독주택을 구입해서 이사하였다. 작은 방이 세 칸
있었지만 남은 터를 이용하여 큰 방을 한 칸 더 만들고 화
장실도 새로 지었다. 연탄과 나무아궁이가 있었는데 어느 날
엔가 나무 아궁이에 나무를 잔뜩 집어넣고 휘발유를 부은 후
성냥불을 붙였다가 얼굴과 몸에 화상을 입었다. 휘발유가 폭
발하였으나 부모님과 형제들이 마침 집 안에 있었기에 바로

병원으로 갔고 치료가 잘된 덕분에 큰 상처는 없었지만 아직까지도 그 상처의 흔적이 얼굴에 남아 있다. 부모가 재래식 화장실에 구더기를 없애려 시너를 많이 부은 후에 아들이 들어가 담뱃불을 붙이다 화상을 입어 결국 사망했다는 얘기를 들은 적이 있다. 이런 황당한 일로 커지지 않은 것이 천만다행이다 싶다.

세 번째는 공무원으로 취직이 되어 어달동이라는 곳에 근무하던 1985년의 일이다. 당시 살고 있던 곳은 천곡동이었는데 근무지로 출근을 하자면 버스를 타고 발한동으로 가서 다시 어달동행으로 갈아타야 했으며 거리는 그리 멀지 않으나 1시간 이상이 걸렸다. 가뜩이나 바쁜 아침 시간에 너무 많은 시간이 걸렸으므로 궁리 끝에 자전거로 출퇴근하기로 하였다. 시청 직원 중에 승용차를 가지고 있는 직원은 몇 되지 않았고 오토바이를 많이 이용하는 시절이었으나 형편이 되지 못하였기 때문이다. 예상대로 자전거를 이용하니 30분도 채 걸리지 않아 그만큼의 시간을 벌었으므로 아침시간이 많이 여유로워졌다. 자전거로 출퇴근한 지 몇 달이 지나 이제는 두 손을 놓고도 탈 수 있을 정도로 실력이 좋아졌고 자전거를 탄다는 것 자체가 큰 즐거움이 되었다.

비가 억수로 쏟아지고 바람이 많이 불던 여름날에 우산을 쓴 상태에서 자전거를 타고 퇴근을 하였다. 한 손으로 핸들을 잡고 한 손으로는 우산을 받쳐 들었으므로 쉽지는 않았지만 평지에서는 그럭저럭 운전할 수 있었고 무사히 달릴 수 있었다. 사고는 묵호역 앞 4거리부터 동호초등학교 앞까지 이어지는 언덕에서 벌어졌다. 평상시에도 안장에 앉아서는 운전하기가 쉽지 않기 때문에 서서 페달을 밟았던 곳이므로 자전거에서 내려 끌고 가도 될 것을 미련하게 타고 넘으려다가 화를 자초한 것이다. 바람 속에서 우산이 뒤집히지 않도록 하자니 쓴다기보다는 수직으로 받치는 꼴이 되었고 자연히 시야를 가리게 된 것이다. 나도 모르게 자전거는 가장자리를 벗어나 차도 안쪽으로 몇 번이나 들어갔다가 경적소리에 화들짝 놀라서 제 코스로 돌아왔다. 언덕의 중간쯤 올라갔을까 도로변에 세워 놓은 화물차를 미처 발견하지 못하고 들이박았으며 도로에 나가떨어진 것이다. 병원에 실려 갈 정도로 다치지는 않아 절뚝거리며 귀가는 하였지만 타박상을 입어 한동안 자전거를 탈 수 없었다. 얼굴과 상체, 팔과 다리 등에 상처를 입었으나 한창 건강한 청년의 몸이었으므로 그리 오래되지 않아 회복은 하였지만 목숨을 담보로 자전거를 타고 출퇴근한 하루였던 것이다.

네 번째는 동해시청 총무과에 근무하던 1990년의 일이다. 당시 예비군으로서 직장예비군중대에 편성되어 동원훈련을 받던 시기였다. 동원훈련장은 북삼동 설운골이라는 곳에 있었고 예비군이 된 지 5년차에 접어들던 시기였다. 지금도 간혹 예비군복만 입으면 멀쩡한 사람도 추한 사람이 된다는

'예비군복 효과'라는 말을 간혹 듣는다. 그때는 지금보다 더 하면 더했지 덜하지는 않았을 것이라 생각한다. 항상 예비군 훈련이 끝나는 날이면 각자의 호주머니에서 일정액을 갹출 (醵出)하여 해단식 내지는 뒤풀이라는 이름으로 동료애와 전우애를 다지곤 했다.

이날도 변함없이 훈련이 끝난 뒤 20여 명이 효가 4거리에 있는 실내마차에 들어가 소주와 맥주로 모두가 거나하게 마셨다. 어느 정도 시간이 지나 뿔뿔이 흩어졌고 나는 일행 4명과 함께 마지막까지 남게 되었다. 자리를 옮겨 한잔을 더 하기로 의견 일치를 보았고 이동을 해야 하는데 승용차를 가지고 온 직원이 음주운전을 하겠다고 계속 고집을 부리는 것이었다. 4명이 매달려 만류하다가 결국은 설득하지 못하고 모두 승용차를 타고 이동을 하기로 하였다. 혼자 운전하게 차를 맡겼다가는 사고가 날지도 모르기 때문에 동료애를 발휘해서 같이 타고 가자는 것이었고 나는 뒷좌석의 중간에 자리를 잡았다.

아니나 다를까 출발한 지 200여 미터를 가지 못해서 차는 중앙선을 좌우로 넘나드는 것이었다. 반대편에서 마수 오는 화물 차량을 몇 번은 가까스로 넘겼으나 결국에는 양지마을 입구에서 화물차에 받쳤고 우리 차는 전복되어 바퀴가 하늘을 향하고 말았다. 나는 어떻게 된 일인지 차가 거꾸로 뒤집혔음에도 바로 앉아 있었고 털끝 하나 다치지 않았다. 소란스러운 틈을 타 사고현장에서 슬며시 빠져나와 곧바로 총무과장님께 사고경위를 보고하였다. 공무원이 음주운전에다 교통사고까지 냈으니 사건처리가 되면 언론에 보도되는 것은 물론, 징계를 받는 것은 불을 보듯 환했기 때문이다. 결과적으로 이 사고는 사건처리도 되지 않았으며 조용하게 마무리 되었다. 사고가 난 곳은 오르막 도로로서 맞은편에서는 많은 덤프트럭이 과속하여 사고가 많이 발생하던 장소였다. 만약에 덤프트럭과 제대로 충돌하였다면 '음주운전 사고로 동해시청 공무원 5명 사망!'이라는 기사가 신문의 1면을 장식했을지도 모를 일이다. 하여튼 죽을 뻔한 기회를 운 좋게 다시 한 번 피해간 것이다.

다섯 번째는 총무과에 근무하던 1997년 여름의 일이다. 요즘에는 예전처럼 많이 하는 것 같지 않은데 예전에는 천렵(川獵)을 자주 했다. 나 또한 여름철만 되면 친구, 가족, 직장동료 등과 연례행사처럼 몇 번의 천렵을 하였다. 강에서 족대를 이용하여 물고기를 잡는 행위도 즐겁지만 물놀이도 할 수 있고 특히 자연산 뿌구리탕(잡고기 추어탕)의 맛은 정말 일품이었기 때문에 너나 할 것 없이 강이나 개울이 있는 곳을 찾아 나선 것이다.

같이 근무하는 직원의 본가(本家)가 정선에 있으므로 주말에 천렵을 가기로 날씨를 잡아놓았는데 뜻밖에 폭우가 내렸다. 다행스럽게도 비는 토요일에 그쳤고 날씨는 매우 좋았기 때문에 기왕에 받아 놓은 날짜 미루면 다시 하기 어렵다는 판단에 과장님을 포함한 윗분들을 설득하여 강행하기로 결정되었다. 나는 준비팀의 일원이 되어 먹을거리, 마실 거리, 즐길 거리 등을 푸짐하게 장만하였다.

일요일 아침 일찍 직원 차량을 이용하여 선발대로 정선읍으로 향했다. 먼저 가서 천렵을 해야 물고기를 잡아 자연산 뿌구리탕을 맛볼 수 있기 때문이다. 비는 그쳤지만 한강의 본류(本流)인 조양강으로 흘러드는 지류의 물살도 상당히 거세기 때문에 하천의 가장자리에서 족대로 고기를 잡았다. 찬물 속에 서 있으니 몸도 춥고, 큰물이 지나간 뒤이기 때문에 고기도 잘 잡히지 않으므로 소주도 한잔씩 하게 되었다. 한잔씩 하다 보니 몸에 열이 나서 추위는 덜해지고 마음은 대범해졌다. 또한 조금 깊은 물속으로 들어갈수록 고기가 잘 잡히므로 5명이 한 조가 되어 조금씩 강의 중심을 향해 가게 되었다. 나는 양동이를 들고 잡은 고기를 안전하게 보관하는 임무를 맡고 있었는데 물살이 비교적 센 곳에서 발을 헛디뎌 그만 넘어지고 말았고 급류에 휩쓸려 떠내려가게 된 것이다. 수영을 할 줄 알기 때문에 멀쩡하였으면 전혀 문제가 없었겠지만 소주를 몇 잔 마신 상태라 당황하여 허우적거리는 것을 직원들이 건져내 준 것이다. 만약에 직원들이 빨리 건져내지 못해서 본류까지 떠내려갔다면 어찌되었을지는 지금 생각해보아도 장담할 수가 없다. 하여튼 무사하였기 때문에 일행들은 천렵을 계속하였으나 나는 물속에 들어가는 것을 단호하게 제지받았으며 물가에서 술 마시며 시간을 보낼 수밖에 없었다.

여섯 번째는 환경관리사업소에 근무하던 1999년 가을 무렵에 벌어졌다. 시청에 근무할 때에는 집과 거리가 멀지 않아 출퇴근하는데 전혀 지장이 없었으나 사업소로 자리를 옮기고 나니 어려움이 생긴 것이다. 버스를 이용할 수도 있었으나 승강장에서 20분 정도를 걸어야 사무실에 도착할 수 있기 때문에 집 근처에 거주하는 직원의 신세를 질 수밖에 없었다. 미안한 마음 때문에 가끔 식사 대접을 하긴 했으나 서로 불편한 점도 있어 승용차의 필요성을 느꼈다. 때마침 잘 알고 있는 직원이 차를 바꿀 계획이었는데 내가 중고차를 찾고 있다는 소식을 듣고 폐차시키느니보다는 연습 삼아 운행을 해보라고 주었다. 차종은 르망이었는데 명의이전을 한 후 1개월 정도 별 탈 없이 잘 끌고 다녔다.

차의 상태가 어떠하든지 간에 남의 신세를 지다가 내 손으로 차를 끌고 다니는 기분은 매우 좋았다. 다른 사람이 차를 모는 모습을 볼 때마다 부럽기도 하였지만 저녁시간에는 여러 모임으로 술자리에 많이 참석하다 보니 마냥 세워놓을 바에는 차라리 없는 편이 낫겠다는 생각을 여러 번 한 적이 있기 때문에 더 각별한 느낌이었다.

어느 일요일 오후에 아내와 딸을 태우고 오랜만에 해변으로 드라이브를 나갔다. 코스는 천곡동 해안도로 - 묵호항 - 어달동 해안도로 - 망상해수욕장 - 옥계를 돌아 동해휴게소에서 커피 한잔 마시고 귀가하는 것으로 계획하였다. 맑던 날씨였는데 망상을 지나면서 가랑비가 부슬부슬 내렸다. 운전이 서툴기 때문에 나름 속도를 줄인다고 했는데도 아내는 빠르다고 성화를 부렸다. 사고는 옥계 시내를 지나 고속도로로 진입하는 급커브 도로에서 순식간에 벌어졌다. 비로 노면이 미끄러운 상태에서 마모된 타이어가 커브를 제대로 돌지 못하고 맞은편에서 운행하던 1톤 트럭의 정면 왼쪽 타이어를 들이박은 것이다. 이 사고로 나는 2주, 아내는 4주, 딸은 6주, 트럭 탑승자 2명은 4주 등 5명이 부상을 당했다. 아내는 조수석에, 딸은 뒷좌석에 탔으나 딸이 안전띠를 하지 않은 탓에 머리에 금이 가는 큰 상처를 입었으나 뇌에는 이상이 없는 것이 천만다행이었다. 승용차는 바로 폐차처분을 하였고 자동차보험에 가입하였기에 보험처리가 되어 금전적인 손해는 보지 않았지만 백만 원의 벌금을 납부하였다.

마주 오는 치기 소형 트럭이었고 속도를 줄였기 망정이지 만약에 대형 차량이었고 속도를 내었다면 아마도 우리 일가족은 비명횡사를 했었을 수도 있는 끔찍스러운 사고였던 것이다. 그날 이후로 지금까지 교통사고는 한 번도 낸 적이 없다. 운전대를 잡으면 가끔 교통사고를 냈던 기억이 떠오르는데 안전운전, 방어운전, 양보운전은 아무리 강조해도 지나침

이 없는 일이라 생각된다.

　앞으로 살아가는 동안에 죽을 뻔할 사건들이 몇 번이나 들이닥칠지는 아무도 알 수 없는 일이다. 그저 모든 일을 함에 있어 한 순간 한 순간을 신중하고 조심스럽게 생각하면서 해결하는 것이 최선의 방법일 것이다. 또한 선후(先後)가 있으므로 순서를 지켜 하도록 노력해야 할 것이며, 원인 없이는 어떠한 결과도 일어나지 않으므로 늘 최선의 결과를 염두에 두고 해야 할 것이라 여겨진다.

# 대학 졸업기

　우리나라의 자녀교육열은 세계적으로도 빼어날 뿐만 아니라 그 도가 지나칠 정도로 극성스럽기까지 하다고 한다. 36년간 계속된 일제 식민지시대의 탄압과 착취에 이어 6·25전쟁을 겪으면서 전 국토는 폐허가 되었으며 세계에서 제일 가난한 나라로 전락하고 말았다. 좁은 국토면적과 그리 많지 않은 부존자원을 가지고도 가장 짧은 시간에 세계 10위권의 경제대국으로 성장한 뒷받침도 높은 교육열에 의한 고급인력의 양성에서 비롯되있다는 말을 많이 듣는다. 일반저으로 교육수준이 높다는 의미에는 초·중·고등학교의 교육은 제외를 시키는 것으로 인식되고 있다. 아마도 이 정도까지는 기초적으로 당연히 받아야 할 것으로 받아들이고 있는 듯하다.

　대학의 종류에는 국공립과 사립대학교, 전문대학과 단과대학 및 종합대학교, 일반대학교와 사이버대학교 등 여러 가지가 있다. 요즈음에는 주변에서 대학에 진학하지 않은 고교생들을 찾아보기 어려울 정도로 대학진학률이 높은데 2008년도에는 83.8%(2009. 11. 26. 세정신문)에 이르며 또 다른 자료에 따르면 세계에서 2번째로 높다고 한다. 나도 자식이 둘인데 딸은 국립대학교를 졸업한 후 취업해서 직장생활을 하고 있고 아들도 국립대학교에 재학 중이다. 자식들이 대학교에 진학하지 못할 정도로 성적이 나쁜 것은 아니었고 내 형편도 대학교에 보내지 못할 정도는 아니었지만 고등학교 3학년이 되었을 때 "너희들이 굳이 대학교에 진학할 필요가 있느냐? 졸업 후 취업도 어려우므로 일찌감치 기술을 배워 하루빨리 취업하는 것이 낫지 않느냐?"고 농담 삼아 말한 적이 있었다. 애들은 펄쩍 뛰면서 "섭섭하게 무슨 얘기를 그렇게 해요? 대학교는 기본적으로 졸업해야 하고 취업문제는 그 다음의 일입니다"라는 말을 했다. 이것이 대학을 바라보는 고교생들의 공통적이고도 기본적인 시각이 아닌가 하는 생각을 하게 된다. 아마도 멀지 않은 장래에 대학원까지도 이런 인식을 갖게 되는 것은 아닐까?

내가 80년도에 고등학교를 졸업할 때만 해도 대학교 진학률은 27.2%(2001. 11. 29. 내일신문)에 불과했으므로 그리 높지 않았음을 알 수 있다. 많이 진학하지 못한 이유는 지금처럼 대학교가 많지도 않았지만 아마도 학비문제가 아니었나 생각된다. 나 또한 예비고사 성적이 좋지 않아 장학생으로 입학할 수는 없었고 부모님의 도움을 받아 대학교에 진학하기에는 재정적으로 어려움이 있어 미련 없이 포기하였다. 과외 등 아르바이트를 하면서도 대학교를 다닌다는 얘기를 많이 듣기는 하였으나 굳이 그렇게까지 하고 싶은 열망이 내게는 없었다. 그러나 마음 한편으로는 대학교에 진학하는 동창들을 많이 부러워하였으며 나도 언젠가는 직장에 다니면서라도 반드시 대학을 졸업할 것이라는 각오를 마음속으로 다졌다.

동창들이 대학교에 입학하는 것을 보면서 마땅히 할 일이 없었으므로 벽돌공장에서 노동도 하였고, 군 입대 이후에도 공부가 가능하다는 얘기를 들은 바 있어 공수특전부대를 지원하였으나 신체검사에서 떨어지고 말았다. 이웃 어른의 도움으로 한국일보 삼척지국에 취직이 되어 1년여 다니면서 젊은 혈기만 믿고 행정고시 수험서를 구입하여 독학으로 시험 준비를 하였다. 전직 지방공무원으로 재직하셨던 지국장님의 조언에 따라 1981년 초에 강원도 9급 공무원 시험을 응시하게 되었고 운 좋게 합격하여 지금까지 30년 가까이 공직생활을 해오고 있으니 아마도 내 운명은 이렇게 예비되어 있었나 싶다.

마음속에 대학 진학에 관한 꿈은 늘 가졌지만 빠른 결혼과 적은 공무원의 봉급, 자녀의 출산, 새로운 업무와의 조우(遭遇) 등으로 기회는 쉽게 다가오지 않았다. 1990년 4월에

7급으로 승진하면서 발한동사무소로 발령을 받았는데 이때 처음으로 방송통신대학교 국어국문학과에 입학원서를 내었으며 다행스럽게 합격하였다. 평소에 시에 관심이 많았으며 궁극적으로는 시인이 되기를 소망하였기에 선택한 것이었는데 아직까지도 그 꿈을 이루지 못하고 있는 것이 안타깝기는 하지만 능력과 그릇이 따르지 못함을 탓할 수밖에 없다.

1991년 동사무소에 같이 발령받은 여직원이 방송대에 진학한다는 얘기를 듣고 용기를 내어 입학원서를 내었는데 다행스럽게 합격이 되었다. 그나저나 입학은 하였지만 정상적인 학업과 졸업에 대해서는 스스로도 장담할 수 없는 것이 맡은 일에 얽매이는 습성에다 사람 만나는 것과 술을 너무도 좋아하였기 때문이다. 그러한 이유로 남들은 4년 만에 끝내는 것을 무려 14년이 걸렸으니 말해서 무엇 하겠는가?

새롭게 공부를 시작하기로 마음을 가다듬고 지금까지 해놓은 것을 최대한 활용하고자 여러 방향으로 방법을 찾았다. 마침내 방송통신대학교에 근무하는 친구로부터 국어국문학과로 재편입하는 방법이 있다는 것을 알게 되었고 2000년도 1학기에 국어국문학과 3학년으로 편입하면서 실낱같은 희망을 다시 되살렸다. 그 이후로도 공부는 쉽지 않았다. 물론 이유야 업무와 가정, 사적인 일 등 여러 가지가 있겠지만 결국에는 나의 학업에 대한 자세와 의지에 문제가 있었기 때문일 것이다. 2000년도에 2학기 미등록, 2001년도에 1학기 미등록, 2002년도와 2003년도에 1~2학기 등록, 2004년도에 1학기 등록 및 졸업논문을 통과함으로써 그 지긋지긋하게도 오래 끌어오던 졸업장을 마침내 받게 된 것이다.

14년 만에 졸업이라니! 내 자신에게도 그렇고 남에게 얘기하기에는 창피스럽기도 하지만 국어국문학과의 졸업에 참 질기게도 매달렸다는 생각이 든다. 왜 그랬을까? 지금 생각해보면 하고 싶은 일에 대한 집착으로 시작을 했으니 어떻게든 해야겠다는 의지, 실패에 대한 두려움과 실망감 극복, 아내와 자식에 대한 위신과 자존심 세우기, 나를 아는 주변 사람들에 대한 체면 세우기 등이라고 할 수 있겠다. 하지만 학점을 모두 이수하고 졸업하였을 때의 뿌듯함과 기쁨은 이루 표현할 수 없었다. 남들보다 20여 년 늦게 대학을 졸업하였으니 드러내놓고 말을 할 수도 없지만 내 인생의 목표 중 의미 있는 한 가지를 이루어 내었다는 점은 아주 기분 좋은 일이었다. 그 오랜 세월 중에 포기할 수도 있는 수많은 사정이 있었음에도 끝까지 이루어내었다는 점도 앞으로의 삶에 있어 큰 동기의 힘이 될 것임을 믿었다. 대학교 졸업식장에 가자니 누구나 통과의례처럼 다 겪는 과정이 뭐가 그리 대수로울까 하는 남들의 눈치도 보일 뿐만 아니라 거리도 멀고 해서 포기하였는데 2005년 2월에 졸업증서가 우송되어 왔다. 아내나 자식들이 조금은 알아줄까 하는 기대도 했었는데 반응은 영 아니었고, 섭섭한 마음이 없지도 않았지만 끝까지 도와준 것이 그저 마냥 고마웠다.

2004년 12월 하순에 처음으로 관광업무를 담당하는 관광진흥과로 자리를 옮겨 관광홍보 업무를 맡았고, 2005년 3월부터는 관광기획 업무를 맡게 되었는데 지금까지 보아 왔던 업무와는 다르게 관심이 많이 끌렸다. 관광업무와 연결시켜 공부를 조금 더 하는 것도 괜찮겠다 싶어 2006년도에 방송통신대학교 관광학과에 3학년으로 편입하였다. 1991년부터 14년간 맺어진 인연 때문에 학교를 선택하는 데는 전혀 망설임이 없었다. 아내는 '그렇게 오래 끌다가 끝낸 대학공부가 지겹지도 않느냐?'고 하면서도 편입에 찬성하였다.

예전에는 참 어렵게도 공부를 하였지만 이제는 어느 정도 노하우(Know how)가 생긴 탓에 참고서는 애초부터 구입을 하지 않았고 교과서를 읽거나 방송강의를 반복적으로 듣는 방법으로 공부하였다. 특히 학습자료 중 오디오 방송강의자료는 운동이나 마라톤을 할 때, 승용차나 버스 이용 시, 집이나 사무실에서 시간이 허락할 때마다 수도 없이 들었고 나에게 가장 큰 도움을 주었다. 그러나 2년 만에 끝내려던 공부는 4년이 걸렸으므로 제대로 공부했다고는 할 수 없겠다. 직장생활을 하다 보니 시간을 쪼개 공부하기가 쉽지는 않았지만 2개 학기는 아예 등록을 하지 못하였고, 2개 학기는 학점을 제대로 취득하지 못하였기 때문이었다. 그렇지만 2006년도에 1~2학기 등록, 2007년도에 2학기 미등록, 2008

학년도에 1학기 미등록, 2009년도에 1~2학기 등록 등 6개 학기 동안에 졸업하였으므로 국문학과에 비하면 양호하다고 할 수 있다.

시가 좋아 시를 쓰기 위해 국어국문학과를 졸업하였다. 관광 업무를 맡은 것이 계기가 되어 관광에 대한 안목을 넓히고 마라톤을 좋아하기에 덩달아 여행을 다니면서 관광에 흥미를 갖게 되었고 관광학과도 마쳤다. 2개 학과를 졸업하는데 무려 20년이라는 오랜 세월이 흘렀다. 그러고 나서 좀 더 깊게 공부를 하기 위해 2010년에는 한중대학교 대학원 관광경영학과에 진학했다. 3년 동안 아내를 설득하였고, 대학원에 다니는 동안만이라도 가입하고 있는 14개의 모임 중 몇 개를 정리하기로 약속하면서 얻어낸 결실이다.

과연 이 나이에 대학원은 다녀서 내게 무슨 득이 있을까? 늘 여유가 없어 쪼들리며 생활하는 형편 속에 상당한 학비가 소요되는데 아내에게 정말 못할 짓은 아닌가 하는 생각도 들었다. 대학을 졸업하고 직장생활에만 전념하고 있는 딸의 눈치도 보이지만 대학원 진학의 뜻을 보인 적이 없으므로 무시하기로 하였다.

우리는 지금 세계화, 지식정보화, 속도 경쟁시대 속에서 살아가고 있으며 그 속도는 갈수록 빨라질 것이다. 예전의 지식과 배움만으로는 앞으로 다가오는 시대에 능동적으로 대응해나갈 수도 없고 지금 같은 위치에 서 있다 할지라도 배움의 시기를 놓치면 경쟁상대를 영원히 따라잡을 수 없다고 생각한다. 나의 배움도 이런 연장선상에서 이루어지고 있고, 생을 마감하는 순간까지 무엇을 배우건 잠시라도 멈추고 싶지는 않은 것이 지금의 심정이다.

# 아들 딸 국립대학 보내기

　지금 첫째인 딸은 강원대학교를 졸업하고 K사에서 근무하고 있다. 전공과는 다른 기술과 직업을 택하였지만 잘 적응하면서 몇 년째 다니고 있으니 이제는 전공을 살려보겠다고 바꿀 필요도, 이유도 없을 것으로 생각된다. 요즈음 같이 취업난이 심각한 시기에 그저 천만다행이다 싶을 뿐만 아니라 오히려 고맙기까지 하다. 만약에 일정한 직장을 구하지 못하고 집에서 한숨이나 푹푹 쉬고 있다면 아무리 부모의 입장이라고 하시만 내제 이쩔 것인가를 생각하면 한편으로는 대견스럽게 느껴지기도 한다. 둘째인 아들은 충북대학교 1학년을 다니다 국가의 부름을 받아 군 복무를 하고 있다. 4월 9일이면 복무를 모두 마치고 제대를 하게 된다. 입대할 때만 하더라도 힘든 군 생활을 언제 다 마칠까 걱정하였는데 이제는 며칠 남지 않았다. 아무런 사고 없이 건강하고 의젓한 사나이로 성장해준 것이 그저 고맙고 대견스러울 뿐이다.

2007년도 교육과학기술부 통계에 따르면 대학교 이상 고등교육기관(대학원 포함)은 1,390개소에 학생 수는 3백만 명에 달한다. 고등교육기관 취학률은 69.4%이고, 고등학교에서의 대학교 진학률은 82.8%로 나타나고 있다. 또한 졸업자 66만 1천 명 중 39만 명(76.1%)이 취업을 했는데 정규직이 29만 1천 명(56.8%), 비정규직이 9만 명(17.7%)으로 나타나고 있다. 이 중 일반대학교 졸업자의 취업률이 70.6%로 가장 낮은데 정규직이 63.3%, 비정규직이 7.4%이다. 다만 통계청이나 교육과학기술부의 사이트에서 국립대학교에 관한 자료를 찾아보았으나 찾을 수 없어 비교하지 못하는 것이 아쉽다.

우리나라의 자녀에 대한 교육열은 세계적으로 높다는 얘기를 어려서부터 듣고 자랐다. 그러나 그것이 모든 사람들에게 해당되는 것은 아니라는 사실이다. 가정적으로 안정되어야 할 뿐만 아니라, 일반적으로 부모님의 직업이 안정되어야 기본적인 생계문제를 해결할 수 있음은 물론, 자녀들의 초·중등교육을 시작으로 상급학교의 진학도 가능하기 때문이다.

나는 중학교를 들어간 이후부터 학비를 제때 납부하지 못하여 어려움을 겪었으며 호강에 겨운 창피를 떤 기억이 상낭히 많다. 그때 그 시절엔 가정이 어려운 친구 몇 명이 거의 늘 같은 처지에 놓였으며 아마도 혼자만이 아니라는 동병상련(同病相憐)의 마음으로 위안도 삼고 서로에게 안쓰러운 동정의 마음을 보내기도 하였던 것 같다. 당시에는 중학교를 다니지 못할 정도로 형편이 좋지 않은 사람들이 적잖이 있었던 시절이니 그래도 다행이었다고나 할까? 그럭저럭 중학교를 졸업하고 고등학교 입학시험에 합격은 하였으나 등록금을 납부하지 못해 고등학교 진학을 포기하기 일보 직전까지 갔다가 입학식 전날에 어렵게 등록금을 납부하고 고등학교에 입학하였다. 그저 아버지의 사정이 좋지 않은 것 같다는 것은 알았으나 자세한 말씀을 하지 않았으므로 가정 상황이 어느 정도였는지 잘 알지는 못했다. 고등학교 진학이 어려운 상황이 되었을 때에도 "굳이 꼭 다녀야 할 필요가 있는가?"라는 마음으로 진학에 집착하지는 않았던 것으로 기억된다. 더불어 부모님에 대한 원망이나 섭섭한 마음조차도 갖지 않았던 것 같다. 이는 아마도 당시의 집안 사정이 가정적으로나 경제적으로 그리 여유롭지 못하였기 때문에 인정하고 받아들일 마음의 준비가 되어 있었기 때문으로 생각된다. 우여곡절 끝에 부모님의 도움을 받아 고등학교를 무사히 졸업하였으나 대학교 진학은 일찌감치 포기하였고 나의 학업은 끝나는 듯했다. 그러나 고등학교를 졸업한 지 11년이 지난 1991년에 방송대학교에 진학함으로써 다시 공부는 연속되었다.

첫 딸에게 국립대학교 진학에 대한 인식을 심어준 것은

중학교 때부터이다. 예나 지금이나 사립대학교의 등록금은 국립대학교의 두 배 수준이다. 부모로부터 물려받은 재산 한 푼 없이 혼자 버는 공무원 봉급만으로는 두 아이를 사립대에 보낸다는 것이 나로서는 거의 불가능에 가깝다는 생각을 하였기 때문이다. 당시에 직장에 다니면서 방송대학교 공부를 하던 때라 딸에게 얘기하는 데는 별 어려움이 없었고, 고등교육기관 진학에 관한 것이 화제가 되면 자연스럽게 넌지시 강조를 했으므로 일찍부터 마음속으로 받아들이게 된 것으로 판단된다. 이 점에 대해서는 아내 또한 이견이 없었다. 물론, 공부를 뛰어나게 잘한다면야 굳이 국립대를 고집할 필요는 없겠지만 통상적으로 말하는 사립 일류대학에 못 갈 바에야 어느 대학에 가든지 별 차이가 없지 않느냐 하는 것이 나의 짧은 생각이었던 것이다.

이런 얘기를 자주 들으면서 딸은 중학교를 졸업하고 고등학교에 진학하였다. 1학년을 끝내고 2학년에 오르면서 대학교 진학에 관한 논의가 많아지는 것이 우리나라의 현실이고 우리 집도 예외일 수는 없었다. 성적에 맞춰 수준에 맞는 대학교를 고르다 보니 국립보다는 사립대학교의 문호가 더 넓게 나타난다. 대학을 선택해야 하는 시기가 다가올수록 입학 가능한 대학에 대한 조건을 한 단계 더 강화해서 가급적이면 집에서 가까운 국립대학교 쪽으로 유도를 하였다. 수능시험 성적에 맞춰 5개 정도의 대학교에 원서를 접수하였으며 마침내 가장 먼저 합격자를 발표한 곳이 집에서 가장 가까운 강원대학교 삼척캠퍼스였으며 딸은 망설임 없이 이 학교를 선택하였다.

내 입장으로서는 전혀 반대할 이유가 없었을 뿐만 아니라, 그렇게 반갑고 고마울 수가 없었다. 대학교를 졸업하는 학생들 중 전공을 살려 취업을 하고 평생직장을 구하는 학생이 과연 얼마나 되는지 정확히 알 수는 없으나 그렇지 못한 경우가 많다는 얘기를 각종 언론보도를 통해서 자주 들어왔다. 이런 국가·사회적 현실에서 딸의 대학교 입학과 졸업한 이후의 취업은 전혀 다를 수도 있을 것이라는 생각을 하였기 때문이다. 딸은 대학교 3학년 때 적성에 맞지 않는다고 휴학을 하여 다른 길을 찾다가 전혀 엉뚱한 곳에 취업을 하여 지금은 잘 다니고 있는데 감사해야 할지 안됐다고 해야 할지는 더 두고 볼 일이다. 취업을 한 이후에 못다 한 대학공부를 마치고 학교는 졸업하였다. 하지만 요즘 같이 대학생 졸업자의 취업이 어렵고 갈수록 고급 실업자가 많이 늘어나는 상황에서는 아직까지는 다행스러운 일로 여겨진다.

이러한 내용은 아들에게도 거의 비슷한 과정으로 이어진다. 누나와는 6년 차이로 초등학교에 입학하였다. 연령 및 학년 차이가 너무 벌어지므로 누나에 대해서 한 이야기를 그대로 받아들이기에는 무리가 있었을 것이다. 그러나 가정이라는 조그만 울타리 안에서 이루어지는 일이므로 먼발치에서 느낌으로라도 돌아가는 분위기를 짐작하였을 것으로 여겨진다. 누나와 비슷한 과정을 거쳐 지역 내의 초등학교와 중학교를 졸업하고 고등학교에 진학하였다. 공부를 아주 잘하는 학생의 부모들은 외국어고나 과학고 및 인근 강릉 등의 외지 유명 고등학교로 보내지만 그럴만한 수준이 되지 못하였기 때문이다. 이 점에 있어서는 부모와 자식 간에 공감대가 이루어졌기 때문에 전혀 문제가 될 수 없었다.

어찌되었건 고등학교 재학 중에 문제는 전혀 일으키지 않으면서 건강이 뒷받침되어준 까닭에 하루도 빠짐없이 학교에 잘 다녔다. 성적까지 좋았으면 금상첨화(錦上添花)였겠지만, 그렇게 하지는 못하였으나 우리 부부는 크게 개의치 않았고 능력을 벗어난다 싶을 정도의 공부에 대한 부담이나 무리한 요구는 하지 않았다. 세상의 모든 부모들은 자기 자식이 건강하고 공부도 잘하는 등 경쟁이 이루어지는 일이면 무엇이건 남들보다 잘하기를 바라는 것이 인지상정(人之常情)일 것이다. 하지만 대부분에게 현실은 전혀 그렇지 못하다. 기대에 상당 부분 도달할 수도 있겠지만 꿈만 꾸는 상황에서 그만두거나 도저히 이루어낼 수 없는 일들이 너무도 많기 때문이다.

아들의 대학교 진학 과정도 딸과 크게 다르지 않게 쉽게 이루어졌다. 다만 우리는 집에서 가까운, 가급적이면 강원도 안에 있는 국립대학교에 진학하기를 원했지만 타 시·도의

국·공립 및 사립대학에 원서를 접수하였다. 다행스럽게도 국립인 충북대학교에 합격하였으며 전혀 갈등 없이 등록을 끝냄으로써 자식들의 '국립대학교 보내기'는 나와 아내의 의도대로 100% 이루어진 것이다.

먼 훗날 내 생각과 판단이 잘못되었다는 비판과 원망의 대상이 될지는 지금 알 수 없다. 그러나 지금까지는 전혀 그런 얘기를 하지 않고 있으므로 앞으로도 크게 걱정하지는 않는다. 혹 불만이 마음속의 앙금처럼 남아 있다고 해도 인간은 '망각의 동물'이라는 말이 있듯이 시간이 지날수록 그 농도가 옅어질 것이라고 믿는 까닭이다. 특히 우리가 반복적으로 얘기를 해서 은연중에 주입을 시켜 예삿말로 세뇌교육(洗腦敎育)을 시켰다고 하더라도 궁극적으로 최종 선택은 자신들의 몫이었기 때문이다. 나는 비교적 결혼을 빨리 한 까닭에 같은 연령대와 비교하여 볼 때 자식들도 빨리 낳았고, 대학교 진학도 당연히 빠를 수밖에 없었다. 어느 자리에서건 자녀들의 대학교 진학에 관한 얘기가 화제가 되면 우리 가성의 성우를 꺼낸다. 쉽지는 않았지만 우리 부부가 원하는 방향대로 이루어졌고 그로 인해 가정은 물론, 가족 개개인의 경제적·심리적 부담이 많이 줄어들었기 때문이다. 이제는 아무쪼록 아들도 누나의 뒤를 이어 선택한 대학을 무사히 마치고 자기가 원하는 직장에 취직하여 남은 인생을 잘 가꾸어 나가기를 간절하게 바랄 뿐이다.

 애완용 돼지(미니어처 피그) 키우기

2010년 3월 5일 오전의 일이다. 사무실에서 일하고 있는데 아내로부터 전화가 왔다. 여유가 있기 때문에 전화를 받았고, "어쩐 일로 이 시간에 전화를 다 하시고?" 하니, 다급하고도 깜짝 놀란 듯한 목소리가 들렸다. "이슬이가 죽었어! 아침에 너무 조용하기에 바닥 청소도 해줄 겸 이슬이에게 가보니 집 안에서 싸늘하게 죽어 있어요!" 하는 것이다. "어제 저녁까지도 멀쩡했는데 하룻밤 사이에 무슨 일이야? 무엇을 잘못 먹은 것 아니야?" 하니, "먹이(사료) 외에는 새로운 것은 주지도 않았고, 먹이도 잘 먹었으며 쌩쌩했는데 원인은 잘 모르겠다." 한다. 전화 통화를 하며 짧은 순간이지만 이슬이의 효율적인 처리 방법을 생각해 본다. "확실히 죽은 거 맞지. 그럼 처리해야지 다른 방법이 없잖아. 잘 알아서 처리해요." 하니 "내가 어떻게? 빨리 집에 와서 처리해줘

요." 한다. "그럼 퇴근 후에 처리할 테니 잘 보관해둬요. 진성이에게 빨리 연락해서 알려주는 것이 좋겠다." 하고 전화를 끝냈다. 이슬이가 죽었다는 소리를 처음 들었을 때 마음한 편이 저려오고 철렁 내려앉는 기분이었는데 전화를 끝낸뒤 오랫동안 그런 기분을 지울 수 없었다.

이슬이는 집에서 키우는 '애완용 돼지' 이름이며 딸이 지었는데 신선하고 예뻐서 그냥 부르기로 하였다. 지난 해 여름에 딸이 진도에 직접 차를 가지고 가서 3일밖에 안 된 새끼를 분양받아 왔다고 하는데 가격은 60만 원이나 주었다고한다. '미니어처 피그'라고 하며, 몸무게가 새끼 때는 200g 정도, 다 자라도 30cm 키에 무게는 18~20kg 정도이며 수명은 18년가량 된다고 한다. 몇 년 전부터 애완용 돼지를 집에서 키우겠다고 하는 것을 우리 부부는 "아파트 안에서 어떻게 돼지를 키울 수 있느냐? 시끄럽고 냄새도 나고 누구알면 쫓겨난다"고 하며 계속 만류해온 터였는데 어느 날 갑자기 진지한 상의도 없이 일을 벌인 것이다. 느닷없는 불청객의 방문에 내가 너 크게 놀랐는데 이미 엎질러진 물을 주워 담을 수도 없고, 딸이 너무나도 원하고 좋아했으므로 받아들이기로 하였다.

딸의 직장은 고한에 있고 1~2주 간격으로 휴무일에 맞춰집으로 찾아온다. 한 마디로 지는 사다가 맡겨놓기만 하는것이고, 뒷바라지하고 키우는 모든 일은 아내와 나의 몫이

된 것이다. 그나마 다행스러운 것은 아내가 새로운 식구를 멀리하지 않고 좋아한다는 것이었다. 둘째 아들을 낳은 지 21년이 지났는데 뒤늦게 아기를 키우는 심정이 된 듯 담요를 준비하고, 젖병과 우유를 사오는 등 분주했다. 아직까지도 갓 낳은 정상적인 돼지새끼를 본 적이 없지만 이슬이는 어리고 작은 탓인지 내 눈에도 너무 앙증맞고 예뻐 보였다. 그렇지만 한편으로는 멀쩡한 돼지를 이렇게 작게 만들어 먹이도 제대로 주지 않고, 사람의 기분에 맞춰 성장을 억제하면서 키우는 것이 동물 학대나 자연의 섭리(攝理)를 어기는 것은 아닌가 하는 생각도 하게 된다.

처음 며칠간은 우유를 데운 후 젖병에 넣어서 입에 물려주었다. 제 몸에 손이라도 닿으면 깜짝 놀랄 정도로 꿀~꿀거리며 예민하게 반응하면서도 배가 고픈지 잘 먹었다. 얼마간 지난 후에는 데운 후 접시에다 따라놓으면 냄새 맡고 찾아와서 혼자 먹었다. 돼지는 감각기관 중 청각과 후각이 매우 예민하다고 한다. 특히 후각은 땅속의 먹이를 냄새로써 발견할 수 있을 정도로 발달하여 시각이 완전 장애를 일으켜도 후각만으로 사료를 찾아낼 수 있다고 한다. 특히, 프랑스의 페리고드 지역에서는 돼지의 뛰어난 후각을 이용하여 지하 6m의 깊은 지하에 있는 송노버섯을 찾아내기도 한다고 하니 놀라운 일이 아닐 수 없다. 몸과 배설물에서 나는 냄새 때문에 방에서 앞 베란다로 내보내고 오래 전에 사용하던 애완용 개집을 이슬이 집으로 리모델링해 주었다. 방에서 자유롭게 활보하며 다니다가 좁은 공간에 가두어 놓으니 우리가 보기에도 안 되었고, 저도 불만이 많겠지만 어쩔 수 없는 일이었다.

이슬이를 키우면서 새롭게 알게 된 사실은 돼지가 생각보다는 깨끗하다는 것이다. 밥을 먹는 공간과 배설하는 공간을 구분하여 사용하였고, 바닥에 깔아준 담요나 수건 등에 배설물이 묻으면 한쪽에 밀어놓는 것이었다. 때문에 밥그릇이나 배설물 받는 통은 매일 씻어주고, 깔판도 자주 갈아줄 수밖에 없었다. 우리 가족 세 명이 정성을 쏟은 탓인지 건강하게 무럭무럭 잘 자라 주었으며 시간이 지날수록 몸도 커지고 체중도 늘어났다. 딸도 평균 2주 이상 지나야 한 번씩 집에 오던 발걸음이 이슬이를 데려온 이후에는 거의 매주로 바뀌었다. 집에 와서는 이슬이 목욕시켜주는 것이 가장 큰일 중의 하나가 되었고 잠깐이나마 같이 놀아주는 것이 마냥 즐거워 보였다. 나중에는 수퇘지 한 마리를 더 분양받아 새끼를 낳아서 **부입으로** 할 계획이라는 원대한(?) 계획도 자주 밝히곤 했다.

그러나 우리 부부에게 아쉬운 점도 있었다. 딸보다는 훨씬 더 자주 얼굴을 대하고 많은 시간을 저에게 투자하고 있음에도 눈에 띄게 관계가 달라지는 것이 없다는 점이다. 제 앞에 보이면 가까이 다가와서 주위를 맴돌며 따라 다니기도 하고, 바짓가랑이를 물기도 하지만 제 몸에 손만 대면 앙탈을 부리는 것이었다. 나중에 딸을 통해 이슬이 기분 맞춰주는 방법을 알고 시도해보았지만 쉽지 않아 자주 하지는 않았다. 그저 내 손으로 해준 것이라고는 제시간에 맞춰 밥과 물을 주고 가끔 제집 주변을 청소해주는 것이 전부였다. 목욕을 시키려고 하다가 좋다는 소린지 싫다는 소린지 고래고래 악을 쓰는 바람에 기겁해서 포기하였고 다시는 시도하지 못했다.

겨울이 다가오면서 날씨가 추워지자 이슬이 집을 뒤 베란다로 옮겼다. 앞 베란다는 매일 환기해야 하는 관계로 추울까 염려했기 때문이었다. 상대적으로 그늘이 많이 지기 때문에 헌 옷가지와 담요 등으로 보온에 신경을 썼고, 구획을 정해 마음껏 돌아다닐 수 있는 공간도 만들어 주었다. 날씨 때문에 환경이 다소 변했지만 우리 기대를 저버리지 않아 밥도 잘 먹고, 활동도 잘했으며 건강에는 전혀 문제가 없어 보였다. 우리 부부가 생활하는 중에 늘 가장 많이 신경 쓰이는 일이 이슬이었음은 두말할 나위가 없다. 딸의 극진한 관심 때문이기도 하지만, 어리고 작으며 말 못하는 짐승이 너무나 안쓰러웠고 하루하루 지내며 정도 조금씩 싹텄기 때문일 것이다.

처음 문제가 발생한 것은 올해 1월 16일에 아들이 휴가 나왔기 때문에 가족이 2박 3일간의 일정으로 여행을 갔을 때이다. 콘도를 빌려서 가므로 이슬이를 데리고 갈수는 없는 일이었다. 집을 조금 오랜 시간 비운 사이에 밥을 굶지 않도록 이슬이 집 위에 자동급이기를 설치했었는데 두뇌가 제법 있는 탓에 수단과 방법을 가리지 않고 흔들어 제게 부족한 양을 꼭 먹고야 만다는 사실을 여러 번 보게 되었다. 결국 자동급이기 사용을 중단했는데 다시 사용할 일이 생긴 것이다. 궁리 끝에 몇 시간을 들여 자동급이기를 벽의 약간 높은 곳에 설치해서 시운전까지 마쳤다. 출발 당일 사료의 양과 공급 상태를 확인하고, 물도 충분한 양을 부어주었으며 깜깜한 밤이 무서울까 염려해서 불도 켜놓은 후 3일간의 작별을 했다. 이슬이를 데려온 후 첫 이별이었으며 불쌍한 마음과 함께 걱정이 되기도 하였지만, 별일이야 생기겠나 싶었다.

고한에 있는 하이원리조트에서 2박 3일간의 일정을 보내고 18일 오후에 귀가하였다. 이슬이가 걱정이 되어 바로 뒤 베란다로 갔더니 울음소리도 며칠 전과는 다르고 제대로 걷지 못하는 것이었다. 담요는 오줌을 싼 듯 젖어 있고, 깨끗하게 치워놓고 갔던 저만의 공간은 여기저기 배설물로 더럽혀져 있었다. 이상이 있다 싶어 방으로 옮겨 마른 담요로 덮어주고 우유를 따뜻하게 데워주니 허겁지겁 잘 먹었다. 또한 감기가 걸린 것은 아닐까 싶어 반사갓 전기난로를 틀어 훈훈하게 해주고, 다리가 부러졌나 싶어 압박붕대를 꺼내 단단히 묶어주니 바로 잠이 들었다. 하루 밤을 방에 재우면서 전기선을 끌어 작은 전기장판과 쿠션이 있는 방석을 이슬이 집에 깔아주고 보온용 비닐로 집을 덮어 보온을 강화시켜 주었다. 다행스럽게 큰 탈은 없었는지 곧바로 회복되어 잘 걸어 다니고 밥도 잘 먹으므로 안도의 한숨을 내쉬었다. 이슬이가 커가면서 느낀 점은 신체구조로 볼 때 체중에 비하여 발이 너무 약하고, 발바닥과 발톱이 지면에 닿는 면이 작아서 방바닥 같이 조금 미끄러운 곳에서는 자주 넘어진다는 것이다.

며칠간의 여행으로 홍역을 한 번 치른 이후에 이슬이에 대한 관심과 보살핌은 더욱 깊어졌다. 또한 딸의 애정(?)은 더욱 두터워졌으며 빠르면 올해 안에 수퇘지를 구입할 계획까지 우리에게 밝혔고, 하고 싶은 대로 잘 해보라고 하였다.

딸이 이슬이를 마지막으로 본 것은 2월 20일에 귀가해서 목욕을 시켜준 것이다. 그 다음 주인 2월 27일부터 1박 2일간은 내가 참가하는 섬진강 꽃길 마라톤대회에 가족이 동행하면서 여행을 즐겼기 때문에 귀가하지 못하였기 때문이다. 이번에는 기간이 하루 짧은 탓인지 여행을 다녀와서 보았을 때도 건강하고 활발하게 움직여 천만다행이다 싶었다. 그로부터 5일이 지난 후에 이슬이는 우리 가족의 사랑을 듬뿍 빈다가 조용하게 우리 곁을 떠나간 것이다. 4일 아침에 내가 생수를 줄 때만 해도 내 주위를 맴돌기에 간식을 조금 주었는데 그것이 나와는 마지막이 된 것이다. 모임 때문에 그날 저녁에는 늦게 귀가했고, 5일에는 늦게 일어난 탓에 보지 못하고 출근하였기 때문이다. 아내는 4일 청소를 해줄 때도 평상시와 같은 모습이므로 전혀 이상한 점을 발견하지 못했으며, 밤에도 신음소리를 전혀 듣지 못하였기 때문에 도무지 이해할 수 없다는 반응이었다.

어찌되었거나 이슬이를 죽게 만든 원인이 우리 부부에게 있다는 점은 부인할 수 없는 사실이다. 너무도 작고 약한 동물, 사람이 자기 필요에 의해서 만든 불쌍한 동물, 차라리 우리 집에 오지 않고 그 무리에 섞여 살았다면 자기 가족들끼리의 사랑과 정도 쌓으면서 살았을 이슬이, 흙도 밟지 못하고 햇볕도 제대로 쐬지 못하며 차가운 타일 바닥에서 생활한 이슬이, 제 입에 맞는지 어떤지도 모르는 채 주는 사료만 먹으면서도 건강하고 튼튼하게 잘 자라준 이슬이를 떠나보낸 지금! 한 울타리에서 같이 지내는 동안 좀 더 잘해줄 것을, 먹고 싶어 하는 대로 양껏 많이 줄 것을, 날씨 좋은 날 햇볕과 바람도 많이 쐬게 해줄 것을, 좀 더 따뜻하고 편안하게 지낼 수 있도록 해줄 것을… 하는 후회와 반성의 마음이 너무나도 많이 든다.

이슬이는 죽은 다음 날 새벽 일찍 일어나 주인도 알 수 없는 인근 야산의 양지바른 곳에 묻어주었다. 주인의 허락도 받지 않은 채 구덩이를 파고 묻는 동안 나쁜 짓을 하는 것 같아 뒤통수가 당겼고 죄송한 마음을 금할 수 없었다. 쓰레

기봉투에 넣어서 버릴 수도 없는 것이지만, 우리 가족의 마음이 차마 그럴 수는 없었기 때문이며 미안함과 함께 회한의 마음을 계속 떨칠 수가 없다. 주인 잘못 만나 빨리 죽은 이슬이에게도 영혼이 있다면 영혼만큼이라도 좋은 곳에서 오래도록 건강하고 행복하게 살기를 진심으로 바랄 뿐이다.

우리 집에서는 아내와 아이들이 동물을 좋아하였기 때문에 오래 전부터 햄스터, 애완용 강아지와 고양이 등을 계속 길러왔는데 뒤끝은 그리 좋지 않았다. 햄스터는 서로 싸우다 죽었고, 강아지와 고양이는 키우다가 남에게 주거나 관리를 잘못해서 집을 나간 뒤 돌아오지 않았다. 이슬이 일이 있은 뒤 딸에게 앞으로는 애완용 돼지를 비롯하여 다시는 우리 집에서 동물을 키우지 말자고 하였다. 끝까지 잘 책임지지 못할 일을 저질러서 우리에게는 후회와 안타까움을, 그리고 동물에게는 아까운 생명을 잃어버리게 하는 일을 하지 말자는 것이다. 어떤 계기가 되어 다시 또 애완용 동물을 기르게 될지도 모르겠다. 하지만 다음에는 이번과 같은 어리석음을 범하지 않도록 더욱 더 깊은 관심과 애정을 갖고 보살펴야 하겠다고 다짐해 본다.

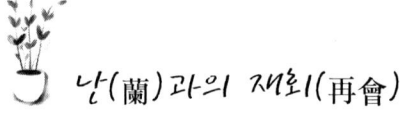
# 난(蘭)과의 재회(再會)

아침에 눈 뜨면 가족을 제외하고는 가장 먼저 눈길이 가고 발걸음 닿는 곳이 방 안에 놓여 있는 난 화분이다. 외출하였다가 집 안으로 들어서도 가장 먼저 내 시선을 잡아끄는 것 또한 난이다. 27평의 좁은 아파트이므로 난 화분도 그리 많지 않아 25개에 불과하다. 거실의 높고 낮은 4개의 진열장 위를 가득 메우고 있으므로 자리도 잘 잡았고 그런 까닭인지 나와 가족의 기분을, 그리고 집안 분위기를 한껏 살려놓음을 느낀다.

얼마 전에는 2년간 잘 가꾸어온 풍란 한 개를 죽이고 말았다. 집에 가지고 온 뒤로 잘 자라줘 잎도 튼실해서 '잘만 관리하면 꽃도 볼 수 있겠구나.' 했는데 멀쩡한 화초 잡은 것 같아 미안하기도 하고 마음 한 구석이 썰렁하고 안타깝다. 이런 저런 핑계로 제대로 관리하지 못한 탓이며, 나의 관심과 정성이 부족하면 이런 결말을 보게 되리라는 것을 죽음을 통해서 보여주고 시위한 것 같다. 지금 가지고 있는 난의 이름을 대부분 알지 못한다. 내 손으로 직접 산 것도 아니지만 화분에 이름이 적혀 있지 않았기 때문이다. 내가 선물 받은 것이 한 개, 아내가 구입한 것이 몇 개 정도이고 나머지는 1년여 전부터 사무실에서 가져온 것이다. 물주기, 분갈이 등 관리가 제대로 안 되어 목숨 부지가 위태롭거나 몰골이 말이 아닌 것들을 선물 받은 직원과 동료 직원들의 동의를 얻어 가져온 것이다.

　보통 인사발령 축하 선물용으로 난 화분을 많이 보내고 또 받는다. 아마도 꽃이라는 것이 주고받는 사람을 즐겁게 해주고, 가격대가 크게 부담스럽지 않기 때문일 것이다. 게다가 난이 선비의 충성심과 절개를 상징한다고 하니 공무원이라는 직업에 조금은 어울리는 선물이 아닐까 한다. 꽃이 피어 달콤한 향을 은은하게 풍기는 난은 보내는 사람도, 받는 사람도, 그리고 주변에서 바라보는 사람에게도 기분 좋은 일이다. 그러나 받으면 그뿐인 경우를 많이 보아왔다. 받은 사람이건, 주변에서 그 꽃을 감상하는 사람이건 관리에는 크게 신경 쓰지 않는 것이다. 그런 까닭에 언제부터인가 사무실에 있는 화초 중 득별히 난에 대해서는 나의 관심과 손길이 더 많이 가게 된 것이다.

　난은 예로부터 매화, 국화, 대나무와 함께 4군자(四君子)

의 하나로 높은 위치에 자리 잡고 크게 대우받아 왔다. 대나무가 남성적이라면 난초는 여성적이며 특히 명문가의 귀한 여성으로 비유되어 왔다. 또한 공자는 일찍이 깊은 골짜기에서 무성하게 자라는 난초를 보고 왕 노릇하는 자로서의 향기를 잃지 않고 있다고 감탄하였는데 이로부터 왕자향(王者香)으로 일컬어졌다. 난초는 그 꽃의 모습이 고아할 뿐만 아니라 줄기와 잎은 청초하고 향기가 그윽하여 군자나 고고한 선비에 비유되고 충성심과 절개의 상징으로 여겨졌다. 이러한 측면 때문에 난초는 우리나라에 들어온 고려 말부터 시와 그림의 주요 소재로 등장하고 있다. 난초가 군자와 절개의 상징으로서 문인들의 사랑을 받았던 반면, 민간에서는 자손의 번창을 의미하는 것으로 이해했다(다음 문화원형 백과사전).

난이라는 잘난 식물을 처음 만나게 된 지 20여 년이 조금 넘었다. 고등학교 다닐 때 4군자라는 낯선 용어를 처음 듣고 난이 어떻게 생겼는지 책을 통해서 보긴 하였으나 실제의 첫 대면은 그로부터 매우 긴 시간이 지난 후이다. 동해시청 총무과에 근무하던 시기였는데 같은 부서에 근무하는 형이 난을 무척이나 좋아해서 전국 각처로 춘란을 수집하러 간다는 얘기를 자주 듣곤 하였다. 당시에는 난을 가꾸는 것이 유행하던 시기였는지 그로부터 머지않아 주변의 많은 직원들도 춘란을 채집하러 온 산을 헤매고 다니고 저마다의 집에는 난 화분을 적게는 수십 개에서 많게는 수백 개씩 가지고 있다는 사실을 알게 되었다.

당시에 나는 난에 대하여 거의 관심이 없었던 것 같다. 주위의 직장 동료나 선배들이 난을 채집하러 간다, 수석을 하러 간다는 얘기를 숱하게 들으면서도 단 한 번도 따라 나서 본 적도 없거니와 그렇게 하고 싶은 마음조차도 일어나지 않았다. 그로부터 20여 년이 지난 아직까지 한 번도 해본 적이 없는 것으로 봐서는 앞으로도 그럴 가능성은 거의 없어 보인다. 왜 그런 것일까? 아마도 나의 관심이 그런 사람들과는 다른 것이기 때문일 것이라 생각된다. 한때는 낚시에 빠져 몇 년간 밤낮없이 다녔던 적이 있고, 몇 년 전부터는 마라톤에 빠져 전국 곳곳을 벗어나 이제는 미국과 중국 등 외국으로까지 활동범위가 넓어지지 않았는가 말이다.

주변의 사람들로부터 난에 대한 얘기를 자주 듣다보니 '도대체 난이 무엇이기에 저 난리인가?' 하는 궁금증이 자꾸 생겼다. 조금 더 시간이 지나자 '나도 난 이라는 것을 한번 키워보자'는 마음이 일었다. 아마도 우리 집에 난이 첫 선을 보인 것은 1988년쯤 직장 선배로부터 춘란 화분 1개를 얻어 갔을 때인 듯하다. 이때부터 난과의 인연이 시작되었다. 잘 자란 것과 못 자란 것, 귀한 것과 그렇지 못한 것을 구분할 능력이 되지 못하였으므로 난이라는 얘기만 들으면 '난 좀 배우고 키워보게 몇 촉 달라'는 말을 자주 하게 되었고, 동료들로부터 적잖은 난을 분양받았다. 또한 5일장이 서는 북평장터에서 스스로 구입하기도 하였으며 사무실을 찾아오는 보따리 상인들로부터도 자주 구입하게 되었다. 난을 상당기간 길러 어느 정도의 수준에 오른 직원들은 사무실에 가져오는 물건을 거들떠보지도 않았으나 나는 오로지 화분수를 늘리는 재미에 점점 빠져들어 가고 있었다.

난이라는 식구가 하나씩 늘어가니 비좁은 집이지만 분위기가 조금씩 달라짐이 느껴졌다. 나보다는 고수들로부터 '난은 물만 잘 주고 통풍만 잘 되면 잘 자란다'는 말을 듣고 나름대로 관심을 쏟으면서 한다고 했는데도 죽이는 경우가 자주 발생했다. 난은 결코 쉽게 죽는 화초가 아니었음에도 별 상식도 없이, 공부도 하지 않고 덤벼들었으니 무모하고 어리석었으며 이로 인해 아까운 생명들을 많이 빼앗은 것이다. 얻었거나 싼 가격으로 구입하였으므로 금전적으로 아깝다는 생각은 들지 않았으나 짧게는 몇 달, 길게는 몇 년을 기우다 죽일 때의 마음은 몹시 안타깝고 마음이 쓰렸다.

왜 미리 준비하고 예방하지 못하며 '소 잃고 외양간 고치는' 어리석음을 저지르는 것일까? 후회해 본들 때는 늦었으므로 뒤늦게 인터넷을 뒤지기도 하고, 난에 관한 책을 사서 공부를 시작했다. 배워가면서 난에 적용을 시켜보니 조금씩 나아짐을 느꼈다. 계절에 따라 물주는 간격을 달리하고, 가끔은 영양제도 주며, 인위적으로 그늘도 만들어주고, 통풍에도 각별히 신경을 써주니 무럭무럭 잘 자랐다. 아까운 생명 죽이는 일은 현저하게 줄어드는 가운데 분갈이를 하면서 화분수를 늘리고 같은 종류의 화분이 몇 개씩 될 때는 남에게 조금씩 나누어주기도 했다.

1994년 봄, 지금 살고 있는 아파트로 이사를 했다. 조금 넓은 평수로 옮긴 것인데 베란다가 넓으니 난을 키우기에는 더없이 좋았다. 이때쯤 난 식구는 30분(盆) 정도로 늘어나 있었다. 화분을 베란다 한쪽에 모아 놓은 것이 아니기 때문에 모두 옮겨 물주고 제자리로 가져다 놓는 일을 한두 주일 간격으로 하는 것도 보통 일이 아니었다. 저들의 뜻은 아니지만 삭막한 아파트 안에서 자연을 느끼도록 하는 기쁨과 즐거움을 주면서 잘 자라주는 것이 마냥 고맙기 때문에 있는 정성을 다해 몸과 마음을 쏟아주었다. 간혹 얘들이 정든 고향, 부모님들의 품을 벗어나 어딘지도 모르는 낯선 곳의 감옥에 갇혀 늘 같이 생활하고 온몸으로 겪던 산, 하늘, 바람, 눈, 비, 계절의 변화 등과 떨어져 생활하는 것이 참 안되었다 싶은 마음이 들기도 하는 것은 내게 자연을 사랑하는 마음, 측은지심(惻隱之心)이 조금이라도 남아 있기 때문일까?

집을 옮긴 지 10년 째 되던 2004년부터 2005년 초, 겨울은 나에게도 난에게도 혹독한 시련의 계절이었다. 집은 직선 거리로 300m도 채 되지 않는 가까운 거리에서 동해가 눈앞에 바라다 보이는 동향(東向)의 6층에 위치하고 있었다. 이제는 어느 정도의 기술을 터득한 탓에 화분은 60여 개를 넘어섰다. 내 정성에 보답이라도 하려는 듯이 봄이면 아름답고 진한 향을 내뿜으며 꽃을 피우는 모습도 여럿이나 볼 수 있었다. 가끔 집으로 찾아오는 손님들은 방 안팎으로 가득히 놓여있는 난 화분들을 보면서 '바쁜 와중에 어떻게 그 많은 난을 잘 키웠느냐?'는 놀라움과 칭찬의 얘기도 꺼낸다. 그러나 인사치레로 친다 하더라도 그 뿌듯함과 자랑스러움도 그렇게 오래가지 못하였다.

2004년 2월부터 10개월간의 장기교육을 받기 위해 거의 대부분을 춘천에서 생활하였다. 매주 금요일에 귀가하였지만 2주나 3주 건너뛰는 경우도 간혹 있었다. 그 애지중지하던 난도 눈에서 멀어지니 마음에서도 조금씩 거리가 벌어지게 된 것이다. 물론 아내도 난을 좋아하였지만, 오랜 기간 거의 전적으로 내가 키우다시피 하였으므로 관리하는 수준이 조금 따라주지 못한 것이다. 특히 당시에 아내는 주로 야간에 운영하는 영업을 하였으므로 심신이 피곤한 탓에 관심이 조금 덜 할 수밖에 없었던 것이다.

혹독한 겨울, 몹시도 추운 날 밤에 베란다 문 닫는 것을 잊어버렸다. 한 순간의 실수로 십수 년 공들여 키워 온 난을 모두 죽이는 사태가 벌어진 것이다. 난에게는 환기가 매우 중요하다는 것을 알았고, 어느 정도는 자신감이 생겨 모든 난을 베란다로 꺼내 놓고 키웠는데 늦은 시간까지 술 마시다가 베란다 문을 활짝 열어놓고 잠이 들어버린 것이다. 다음 날 아침 일찍 잠이 깨어보니 아차 싶었고 몹시 미안스럽기도 했지만 뭔가 잘못되었다는 것을 직감하면서도 그저 아무 일 없기만을 간절히 기원하였다. 내 잘못이 너무 컸으므로 더 정성을 기울였지만 하루하루 지나가면서 짙은 초록빛을 점차 잃어가는 모습이 확연하게 보였다. 결국 그해 여름을 넘기면서 단 하나도 살리지 못하였는데 모든 난은 주인을 잘못 만나 시멘트구조물 속에서 아까운 생을 마감한 것이다. 처음에 하나씩 죽어가면서 화분을 치울 때 떠오르는 모습을 생각하면 안타까움과 아픔은 매우 컸다. 그러나 나중에는 모두 죽을 것이라 체념하게 되자 무덤덤해져 갔으나 자책감과 반성의 마음은 갈수록 커져갔다.

난 화분이 빠져나간 빈자리가 얼마나 컸었던지! 쓰라리고 안타깝고 허전한 마음을 달래는 데는 꽤 오랜 시간이 걸렸다. 화분대와 화분 등은 곧바로 정리해서 눈에 잘 띄지 않는 곳에 처박아 두었으며 그때를 생각하면 지금도 마음이 찌르르해짐을 느낀다. 뿐만 아니라 이 일로 인하여 아내에게 한동안 큰 곤욕을 당했다. 주로 키운 것이 춘란이었는데 키는 작고 잎은 가냘픈네도 왠지 생명력이 길게 느껴졌으며, 잎과 화분 주위에 감도는 초록빛이 내 마음을 몹시 안쓰럽게 했다. 아름다움, 우아, 기품, 위엄, 당당함보다는 소박, 겸손,

단아, 측은함 등의 단어가 주로 떠오르는 것은 나만의 생각
이었을까?

지금까지 내 손으로 난 이외에는 별로 화초를 사본 기억
이 없다. 난을 몰사시키고 난 이후 집안 분위기가 썰렁해졌
음은 두 말할 필요가 없다. 최근에 난 화분을 늘리기까지는
선인장이 대세를 이루고 있으며 50여 개 정도 된다. 아마도
아내는 예쁘면서도 잘 죽지 않고 손도 많이 가지 않기 때문
에 난이 비운 자리를 대신 하려고 구입한 듯하다.

다시는 난을 키우지 말자고 다짐하지는 않았지만 언제 또
다시 손을 댈지 기약은 없었다. 2년여 전부터 아내가 잊어버
릴 만하면 풍란, 동양란을 한 개씩 가지고 와서 세 개를 진
열장 위에 나란히 세워놓으니 참 보기에 좋다. 불현듯 아끼
던 난을 모두 죽였던 몇 년 전의 일이 생각나지만 여전히
아름답고 다른 화초류와는 달리 친근함, 포근함, 즐거움과
기쁨 등을 느끼며 매우 반갑다. 난에 대한 나의 애착과 서운
함을 알아차린 것인지는 알 수 없다. 어찌되었거 이로 인하
여 난을 향한 내 마음에 다시 불이 지펴졌으며 난을 모으고
키우는 데 집중하게 된 것이다. 내 실수를 자책하며 잊어버
렸던 소중한 취미생활을 되찾아준 것이 무척이나 고맙다. 새
로 난 가족들을 맞아들이며 돌보는 중에도 세 개를 죽였다.
분갈이하면서 촉수를 너무 적게, 세력을 약하게 만든 탓인데
내 욕심이 화를 부른 것이다. 기존 화분에 심어놓으면 너무

비좁을 것 같고 살릴 자신이 있어 떼어놓은 것인데 결국은 소중한 생명을 빼앗은 것이다.

이제는 내 품에 들어온 난은 절대 생명을 놓치는 일이 없도록 할 것이다. 될 수 있는 한 최선을 다하여 소중하고 아름답게 잘 키워 난 형제자매와 가족이 번성하도록 할 것이다. 오늘은 2주일 만에 샤워도 시켜주고 생수도 듬뿍 주는 날이다. 근 한 달 동안 날이 무더워 갈증이 많이 났을 텐데 시든 잎 하나 없이 싱그럽고 쌩쌩하다. 물주고, 선풍기 바람도 쐬어주고 아침부터 시작한 일이 오후 1시가 지나서야 끝났다. 보름 만에 자세히 들여다보니 꽤 큰 놈들도 있고 새로운 새끼들도 많이 보인다. 새로운 식구가 많이 늘어나니 매우 기분이 좋다.

# 우연에서 숙명이 된 지방공무원

　지방공무원으로 임용되어 동해시청에서 근무한 지 만 29년이 다 되어가고 있다. 아직도 공직에 첫 걸음 들여놓을 때의 기분을 간직한 채로 일하고 있으니 좋다 그래야 할까? 아니면 아직 제 정신이 아니거나 주제파악을 제대로 하지 못하고 있다고 해야 할까? 이런 마음이 머리 한 구석에 늘 자리 잡고 지금까지 왔으니 세월 지나가고, 나이 먹어가는 것을 깊게 인식하지 못하였거나 억지로 부정하려는 의지가 꽤 강하였기 때문이리라.

　IMF 사태 이후 우리나라의 고용구조가 크게 바뀌면서 비교적 안정적인 직업으로 인정받고 있는 공무원에 대한 평가가 상당히 올라갔다. 선택의 여지도 없었지만 공무원을 천직으로 알고 지금까지 근무해왔으며, 정년까지 채울 것을 목표로 하고 있는 나로서는 그나마 다행스럽고 기분 좋은 일이다. 공무원을 짧게 표현하자면 '국가 또는 지방공공단체의 사무를 맡아보는 사람으로서 국가공무원과 지방공무원으로 나누며, 선임 및 근무방법에 따라 일반직과 별정직'으로 나누어진다.

30년 가까이 공무원 생활을 해오고 있지만, 그 종류가 얼마나 많고 복잡한지 쉽고 간명하게 설명할 지식도 자신도 없다. 시험 준비할 때부터 공무원에 대한 공부를 하였고, 임용된 이후에도 여러 차례에 걸쳐 배웠지만 그때뿐이다. 운이 좋아 공무원의 신분관계를 직접적으로 다루는 인사부서에서 근무라도 해보았다면 조금은 더 나을 것이다. 그러나 굳이 더 자세히 알 필요성도 느끼지 않을뿐더러 이만큼만 알고 있어도 직장생활 하는 데 전혀 지장이 없기 때문이다.

2008년도 통계청 자료에 따르면 우리나라의 전체 공무원 수는 968,684명이다. 이중 행정부가 946,063명(국가공무원 607,628, 지방공무원 338,435)이고, 입법부 3,469명, 사법부 16,273명, 헌법재판소 231명, 중앙선거관리위원회 2,648명 등이다. 또한 2005년도 총조사인구수는 47,041,434명으로 남자 23,465,650명, 여자 23,575,784명으로 집계되고 있다. 분석해보면 국민 48.6명당 공무원이 1명이라는 결과이므로 내가 보기에도 공무원 수가 엄청 많다는 생각이 든다.

공무원이라는 직업을 선택하게 된 동기는 무엇이었을까? 막연한 동경과 꿈으로부터 시작되었다는 것이 맞겠다. 1980

년 2월 고등학교를 졸업하였으나 가정사정으로 대학교 진학은 포기하였다. 성적이 어중간해서 장학생은 꿈도 꾸지 못하고, 혼자 학비 벌어가면서까지 굳이 대학교에 진학할 뚜렷한 목표나 필요성은 전혀 느끼지 못하였다. 간혹 진학한 친구 소식을 듣거나 대학생을 보면서도 아무런 느낌이 없었다면 분명히 문제가 많은 놈이었을 텐데 그렇지는 않았다. 그러나 특히 부럽다고 느껴본 적도 없고, 그것으로 인해 부모님을 원망해본 적도 없다. '만약 그때 대학교에 진학했다면 과연 지금의 내 인생이 얼마나 달라졌을까?'를 돌이켜보면 차라리 가지 않은 편이 오히려 더 잘되었다는 생각도 든다.

어떤 상황에서든지 공부는 할 마음이 있었으므로 차라리 군부대에서 하기로 작정을 하고 일찍 공수부대를 지원하였다. 그러나 결격사유가 있어 입대하지 못하였는데 5·18 광주민주화운동 등 당시의 사태에 비추어 볼 때 엄청나게 잘되었다는 생각이다. 군인들이 온 나라를 휘저으면서 풍비박산을 만들 때였는데 입대라도 했다면 나도 그 일원이 되어 험한 짓을 하지 않았겠는가 말이다.

다음으로 생각한 것은 젊은 혈기에 자신감만 믿고 아무런 겁도 없을 때였겠지만 행정고시를 독학으로 준비해보자고 마음먹은 것이다. 당시 우리 가정은 파국의 상황을 맞아 나는 아버지와 삼척에서 살고, 의모는 이복동생 둘을 데리고 인천에서 다른 가정을 꾸리고 있을 때였다. 나를 낳아주신 생모는 중학교 2학년 때 돌아가셨다. 그해 4월 벽돌공장에서 막노동을 하다가 H일보 삼척지국에서 총무라는 나름 고정된 직장을 처음 가지게 되었다. 하는 일은 새벽 일찍 신문배달원을 감독하고, 배달사고 난 곳은 직접 배달하였으며 주간에는 신문대금이 체납된 곳을 찾아다니며 수금하는 것이었다. 시간 쓰는 방법에 따라서 틈새시간을 내는 것이 가능하였다. 행정고시 수험도서를 모두 구입하여 공부를 시작하였다. 고등학교에서 배우던 것과는 전혀 다른 내용을 한자옥편을 뒤져가며 어렵게 했는데 조금씩 진도 나가는 것이 뿌듯한 느낌이 들었다. 건방진 시도였지만 내 주제파악은 하였기에 최소한 3~4년간 준비하여 고교동창생들이 대학교를 졸업할 즈음에 맞춰 응시하기로 계획하였다.

새벽 신문 배달부터 저녁의 신문대금 수금까지 일이 쉽지는 않았지만 사무실에서 틈틈이 시간을 내고 집에서도 나름대로 열심히 하였다. 특히 사무실에서는 드러내놓고 하기에는 남부끄러워서 도둑공부를 했다는 것이 맞는 말일 것이다. 객지나 다름없는 곳이었기에 동창이나 친한 사람도 몇 되지 않아 내 의지에 따라 얼마든지 시간을 낼 수 있다는 것은 매우 바람직한 상황이었다. 시간이 지나 해를 넘기면서 1차 시험과목을 어렵사리 한 번 읽어갈 무렵쯤이다. 전직 지방공무원을 하시다가 상공회의소에서 근무하시던 지국장님이 내가 시건방진 공부를 한다는 것을 눈치채시고, "일단 강원도에서 시행하는 5급(현재의 9급) 지방공무원 시험에 응시해보라"는 조언과 함께 결과에 따라서 앞으로의 진로를 결정하라는 격려의 말씀을 해주셨다. "공무원이 되면 신문사보다는 공부하기가 더 좋을 것"이라는 방향 제시 등 그때 느꼈던 그 고마운 마음을 아직까지도 깊이 간직하고 있다.

이미 정한 목표와 미래에 대한 생각으로 조금 망설이다 조언에 따라 지방공무원 시험을 준비했다. 4급을(7급) 시험이 있다는 것은 알았지만 3~4달 정도의 짧은 기간이므로 불가능할 것으로 판단하고 포기했다. 마침내 1981년도 강원도 지방공무원시험에 응시하였고 조금이라도 관련된 공부를 한 까닭인지 운 좋게 합격했다. 이것이 내 인생에서 잘한 판단인지, 잘못한 것인지를 30년이 다 되어가는 아직까지도 결론 짓지 못하고 있다. 더 높은 뜻을 이미 생각하고 있었던 탓이었을까? 당시 아버지와의 불화로 시험에 응시한 사실조차 숨겼으며 주변에 같이 기뻐해줄 사람조차 없었던 탓이었을까? 크게 기뻐할 일도 아니었지만, 마음 또한 무덤덤하였나. 아버지께는 합격과 교육 입교 사실도 알리지 않고, 4월 춘천시 석사동에 있던 강원도지방공무원교육원에 입교하여 8주간의 교육을 받고 6월 하순에 수료했다.

4급을(7급)과 5급을(9급) 시험에 합격한 150여 명이 함께 교육받았으며 낯선 많은 사람들을 새로 사귀었다. 하마터면 공무원으로 시작도 해보지 못할 뻔한, 평생 잊지 못할 에피

소드가 하나 있다. 당시에는 통행금지가 있던 시기였다. 수료를 하루 앞둔 날, 내무반원들의 뜻이 맞아 나와 친구 두 명이 특공조를 편성 하여 춘천교대 앞까지 가서 술과 안주류를 무사히 사가지고 기숙사에 왔는데 그만 점호에 들켜버린 것이다. 사감한테 불려가서 혼나고, 두 손이 닳도록 싹싹 빌었으며 발령 예정 시·군으로 알려 징계를 받도록 하겠다는 엄포를 들었으나 수료증은 받았다. 교육이 끝난 후 한동안 마음 졸였으나 7월 1일자로 동해시 사문동사무소로 별탈 없이 발령받았다.

교육받는 기간 중에도 아버지께는 전혀 연락하지 않았고, 집으로 내려가지도 않았다. 아버지에 대한 감정 정리도 되지 않았고, 집에 간다 해서 별로 나아질 것도 없었기 때문이다. 교육을 마치고 귀가하여 아버지가 계시던 곳을 찾아 가니 입교한 지 20여 일 만에 돌아가셨다는 것이다. 아버지와 같이 생활한 기간이 얼마 되지 않았지만 몸이 그렇게 불편해 보이지는 않았기 때문에 전혀 예상하지 못했던 것이다. 장례는 백부님과 숙부님, 그리고 사촌들이 치렀으며 장지는 고향인 전북 순창으로 모셨다는 것이다. 전적으로 행방불명 상태를 만들어놓고 가버린 내 잘못이지만 되돌릴 수도 없고 후회해도 소용없는 일이었다. 곧바로 고향으로 내려가 아버지 산소를 찾아 잘못을 빌었다. 어른들과 사촌형제들을 찾아 자초지종을 설명하지만 꾸중과 욕을 들어 마땅한 일이고 입이 열 개라도 할 말이 없었다. 이제는 거처할 집도, 친 형제자매도 없는 천애 고아가 되어버린 것이다. 그나마 공무원이라는 직업을 구해 놓은 것은 천만 다행스러웠다.

공무원이 되어 처음으로 받은 월 봉급액이 78,600원으로 기억된다. 신문사 총무보다도 적은 금액이었고 당직비는 600원이었으며 그 외에는 따로 받은 것이 없었던 것 같다. 동해시를 처음 밟는 순간 아는 사람이라고는 공무원 동기 외에는 단 한 사람도 없었다. 첫 발령지의 동료 직원들에게 내 처지를 얘기했더니 배려해주었고 3개월간을 당직실에서 지낼 수 있었다. 하숙이든 자취든 여유 갖고 알아볼 수 있는 시간을 번 것이다. 첫 봉급으로 하숙비를 내고 나면 용돈 조금 남을 정도였던 것 같다. 낯선 곳에서 공무원으로서 맡은 업무를 새롭게 시작하면서 가장 급하고도 절박한 것은 새로운 사람들을 만나 안면을 넓히는 것이었다. 일을 해나감에 있어 가장 중요한 것은 업무와 관련된 주민들의 협조를 쉽고 빠르게 얻어내는 것이었기 때문이나.

당시는 10·26 사태로 전두환 대통령이 정권을 잡은 후 국가·사회적으로 사회정화운동, 새마을운동 활력화 등 급변하던 시기였다. 고등학교 갓 졸업한, 속된 표현으로 '머리에 피도 마르지 않은 놈'이 적응해 나가기에는 상당히 힘든 때였다. 이는 동기들 7명 중 3명이 채 6개월을 넘기지 못하고 사직서를 낸 것에서 확인할 수 있을 것이다. 이런 사정과 내

의지가 강하지 못한 탓에 행정고시 준비라는 큰 꿈은 자연스럽게 접혔다. 말단 공무원 생활을 하면서 내 능력의 한계를 깨달은 것이고, 행정고시라는 높은 벽을 결코 넘을 수 없다는 점을 깊이 인식한 것이다. 이에 따라 목표는 자연스럽게 4급을 시험으로 하향 조정되었다.

1982년 강원도 시험에 응시하기 위해 준비하였으나 공부는 내 뜻대로 잘 이루어지지 않는다. 5급을류 시험과는 과목도 전혀 다르므로 공부하기도 쉽지 않았다. 게다가 직장생활과 낯선 곳에서의 사회생활에도 적응해야 하는데 애인을 사귄다는 것이 너무 빨리 결혼으로 이어져 일가(一家)를 이루게 된 것이다. 마음으로만 시험에 뜻을 두었을 뿐 공부는 포기하다시피 한 것이다. 한 해를 넘겨 1983년에 4급을류 시험을 보았으나 떨어지고 말았다. 사실 크게 준비한 것도 아니니 안타까울 것도 없지만 아내를 포함하여 주변에 알고 있는 분들에게는 부끄러운 일이었다. 1983년 초에 국방의 의무를 맡아야 하므로 징병검사를 받았다. 아내와 딸이 있고, 미성년자인 이복동생 둘이 있으므로 병역은 면제받을 것이라고 주변의 선배들이 얘기하므로 큰 걱정은 하지 않았다.

그러나 1983년 5월에 방위소집 영장을 받게 되었다. 잘 아는 선배가 뇌물을 좀 쓰면 확실하게 면제받지만, 굳이 그러지 말고 한번 부딪혀 보자는 것이 일이 흐트러진 것이다. 이제는 모래사장에 엎지른 물이고, 벌써 멀리 떠나버린 버스가 되어 버린 것이다. 누구를 원망하지도 따지지도 않고 스스로 자책하며 아내에게 사정설명과 함께 이해를 구하며 앞으로 살아갈 길을 궁리했다. 우리 부부가 벌어 놓은 돈도 없지만, 양쪽 본가의 도움을 받을 수 있는 형편도 아니었기에 앞날이 막막하였음에도 왜 그리 걱정 없이 자신만만했는지…… 아마도 젊음이라는 크나큰 재산과 앞날에 대한 꿈과 희망을 믿었기 때문이라 생각된다.

1년 2개월의 복무기간 중에 꿈꾸어오던 것을 다만 한 가지라도 이루어 아내의 고생에 보답하기 위해 4급을류 시험을 응시키로 하고 준비를 하였으나 다시 실패하고 말았다. 방위병 복무생활도 쉽지 않은데다 정신적·경제적으로도 사정이 다소 어렵다고는 하였을지라도 목표를 이루고자 하는 나의 열망과 의지가 약했기 때문일 것이다. 가장으로서의 의무도 전혀 하지 못하고 생고생만 시킨 아내와 딸에 대한 미안함과 면목 없음은 이루 말로 표현할 수 없을 정도였다. 그러나 아내는 한마디의 원망과 실책도 없었고, 내 실패에 대한 위로의 말로 나를 달래주었다.

1984년 7월에 소집해제(제대)를 받고 망상동사무소로 복직한다. 1개월 근무한 뒤 16개월여 만에 받아보는 봉급은 많지 않은 금액이었지만 정말 반갑고 감개무량했다. 두 살도 채 되지 않은 아이 엄마를 일터로부터 되찾아오는, 아내와 아이의 고생을 조금이라도 덜어주는 계기가 되었기 때문이다. 사무실 가까운 망상동으로 이사하여 몇 달 근무하다 그 해 12월에 어달동사무소로 발령을 받았다. 단출한 세 가족에 살림살이도 많지 않으므로 어달동에서 방을 구해 또 다시 이사를 했다. 옮기는 곳마다 낯설고 새로운 곳이었으므로 새로운 사람들 사귀기에 바빴다. 또한 업무도 바뀌므로 새로운 업무를 배우기에 여념이 없고 일 하기도 바빴다. 이런 와중에도 상위계급의 공개채용시험에 대한 미련을 갖고는 있지만 시간을 내어 공부할 생각은 그저 마음뿐이었다. 이러다가는 내 꿈도, 희망도 접어야 함을 절실하게 깨달으면서도 실천과 행동은 전혀 딴판이었다. 당장 목구멍에 풀칠하는 것이 먼저이고, 아내와 딸아이를 더 이상 떼어 놓거나 고생시켜서는 안 된다는 내 자신에 대한 변명과 핑계가 늘 앞서는 것이었다.

이러는 가운데 시간은 사무실 앞을 흐르는 시냇물처럼, 정해진 시간에 빠짐없이 기적을 울리며 지나가는 기차처럼 빠르게 흘러갔다. 다시 한 해가 지나 1986년 1월 시청 총무과 시정계로 다시 발령을 받게 되고, 시청과 가까운 천곡동으로 일곱 번째 이사를 하게 되었다. 이곳에서 시청근무를 처음 하게 되었는데 모두가 밤낮없이 일했다. 전혀 새로운 곳에서 선배공무원들로부터 새로운 업무를 배우고 적응하며 그들을 닮아가는 것이었다. 이 조직에서 살아남기 위하여, 나름대로 정한 목표를 이루어가는 방법이 다른 길도 있음을 깨달으면서 오랫동안 간직해온 상위계급 공개채용시험 합격의 꿈과 희망을 접게 되었다. 그리고 현재에 이르게 된 것이다.

후회 없는 삶을 사는 사람은 과연 얼마나 될 것인가? 두 갈래 이상의 길을 만나 한 길을 선택하게 될 때 모든 길의 끝을 집요하고 끈질기게 따지고 분석하는 사람은 얼마나 될 것인가? 공직으로의 방향을 정한 이후 내게도 몇 번의 도전은 있었다. 주변의 사정에 따라 이리저리 흔들렸으나 최종 선택은 내 책임이었으며 마침내 이곳에 이르렀다. 그동안의 공직생활은 주변에서 늘 보고 접해오던 선배들만큼은 해온 것 같다. 맡은 업무를 추진하는 과정에서 실패와 좌절보다는 성취와 보람이 더 많았다고 생각된다. 아내와의 관계, 자식들이 지금까지 성장해 온 과정과 모습, 승진이나 재테크 등 늘 변화와 위태로움 속에서도 희로애락(喜怒哀樂)은 있었다. 공무원을 하면서 고향을 새로 만들고, 새로운 친구와 이웃을 사귀었다. 앞으로 남은 기간 동안 어떤 모습으로 공직생활을 하게 될지, 그리고 과연 어떻게 끝내게 될지 미래가 궁금하다.

 물리치료 끝내는 날 화상(火傷)을 입다

2010년 9월 10일, 이 날은 내게 또 다른 기억으로 살아 있는 동안 잊지 못할 날이 될 것 같다. 발목을 삐어 인대가 늘어나는 부상을 당해 3개월간의 물리치료를 끝내는 날로서 마지막 치료를 받다가 왼발 뒤꿈치에 화상을 입은 것이다. 물리치료를 받다가 정말 화상을 입을 수도 있다는 말인가? 내가 산 증인이 아니었다면 나조차도 쉽게 믿을 수 없었을 것이다. 하지만 사정이 어떠하든 간에 일은 벌어졌고, 화상을 입은 지 3일 뒤부터 화상치료를 위해 물리치료를 받던 병원에 다시 다니고 있다. 상처 난 부위의 피부를 모두 잘라 낸 후 속살에 연고를 바르고 붕대를 덮었으므로 움직일 때마다 닿는 곳이 몹시 아파 그 통증 때문에 운동화를 꺾어 신고 절뚝거리면서 조심스럽게 걸어 다녔다. 눈을 뜨고 있는 순간뿐만 아니라 잠잘 때조차도 상처 난 곳에 모든 신경이

몰려 있기 때문에 여간 불편한 것이 아니다.

　일의 자초지종(自初至終)은 이렇다. 2010년 6월 12일 잘 아는 형님 집에 놀러갔다가 마당에서 5cm 높이도 채 되지 않는 절단면(계단이 아님)을 잘못 밟아 왼쪽 발목을 다쳤다. 지면이 평평한 것으로 알고 아무런 생각 없이 걷다 발 딛는 위치를 잘못 잡은 것이다. 순간 뚝하는 소리를 들었고 눈앞에서 별이 반짝거릴 정도로 깜짝 놀랐으나 시간이 조금 지나서 움직여 보니 그런대로 걸을만해서 크게 염려하지 않았다. 마침 점심 먹으러 이동을 시작하는 순간이었으나 견딜만 하였으므로 별생각 없이 같이 어울려 술도 마시고 조금 늦은 시간에 귀가했다. 일요일인 다음 날 삔 곳을 보니 퉁퉁 부어 있고 통증도 매우 심했다. 또한 가까운 삼척시에서 '2010 삼척 황영조 국제마라톤대회'가 개최되는 날로서 43번째 풀코스에 도전하는 날이었으나 대회 참가를 포기하고 말았다. 병원에 빨리 가서 진찰을 받아보고 싶은 생각은 있었으나 공휴일이므로 달리 방법이 없었다.

　다음 날 H외과에 가서 X－레이 촬영을 해보니 뼈는 다친 곳이 없다고 하므로 다행이다 싶었다. 삔 것으로 인해 복숭아뼈 옆에 1.5배 크기의 물렁뼈(?)가 새로 생겨났는데도 괜찮다고 하니 의아스러웠지만 의사가 걱정하지 않아도 된다고 하니 믿을 수밖에 없는 일이다. 이때부터 3개월간의 지루한 물리치료가 시작된 것이다. 삔 곳에는 한의원이 더 낫다고 주변에서 얘기하므로 다음 날부터는 사무실에서 가깝고 치료도 잘한다는 C한의원으로 다녔다. 첫 검사받은 병원에는 침도 맞을 겸 한의원으로 옮긴다고 얘기를 했는데 기분이 상하지나 않았는지 모르겠다. 하여튼 나이 50이 다 되도록 아파본 적도 별로 없지만 한의원에 가는 것을 상당히 꺼려왔는데 20여 년 만에 두 번째로 한의원의 문턱을 밟게 되었다. 한의원에서는 일반 병원에서와 같이 뜨거운 찜질과 전기치료 과정을 거친 후 침을 놓아주니 왠지 모르게 더 치료를 잘 받았다는 느낌을 받았는데 나만 그랬던 것일까?

한의원에 다니면서 정말 열심히 치료 받았다. 하루 빨리 치료 끝내고 좋아하기도 하지만 유일한 취미생활인 마라톤을 다시 시작하기 위해서다. 연가 내고 가족과 함께 서울에 건강검진 받으러 갔을 때조차도 한의원을 찾아 물리치료를 받는 극성스러움을 보이기도 했다. 근무시간 틈틈이 짬을 내어 꾸준히, 반복적으로 치료를 받음에도 크게 좋아지는 느낌이 없었다. H한의원 원장님도 답답함을 느끼는지 병원과의 중복 치료도 가능하니 양쪽을 다녀보라고 권유하지만, 똑 같은 치료를 두 번 받을 이유도 없고 근무 시간 중에 그렇게 많은 시간을 뺄 수도 없는 일이었다. 7월 말까지 한의원을 다니며 치료받았다. 그동안 조금 나아지는 것 같아 두 번을 2시간 이상 걸어보았는데 불편함을 느꼈다. 한 번은 5km 정도를 뛰다가 발목이 다시 부어 완치되었다 싶을 때까지 가급적 뛰지 않기로 다짐을 한 적도 있다. 한의원에서도 친절하고 정성스럽게 치료해준다는 느낌은 받았으나 계속 이럴 수는 없다는 생각이 들었고, 뭔가 새로운 방법을 찾아야 했다.

8월 초에 P정형외과를 찾아갔다. 다칠 때부터 그동안의 치료과정 등을 설명하니 X－레이 촬영을 다시 하자고 한다. 판독결과 뼈에는 이상이 없으나 마라톤 마니아에게 자주 나타나는 발목염좌(인대가 늘어나거나 파열되는 현상)가 있다고 한다. 처음 진찰받은 곳에서는 듣지도 못했던 얘기를 물리치료 받은 지 거의 두 달이 되어서야 알게 되었으니 참 황당하기까지 했으나 되돌릴 수는 없는 일이었다. 다시 물리치료를 시작하였으며 며칠간은 주사 맞고, 약도 먹었다. 물리치료 방법은 같았지만 앞서 갔던 H외과와는 뭔가 다른 것 같아 이번에는 제대로 치료받는가 하는 생각을 하게 되었다. 이곳에서 치료받는 중에도 증상의 개선이 있는지 알아보기 위해 한 번은 뛰어보고, 두 번은 긴 거리를 걸어보았으나 만족스럽지 못했다. 의사 선생님도 완치되었다는 믿음이 갈 때까지 최대한 발의 움직임을 줄이고 물리치료를 꾸준히 받는 것이 최선의 방법이라고 말씀하신다. 다리만 온전하게 치료되면 마라톤이야 내가 싫어서 하지 않을 때까지는 죽기 전에 계속할 수 있으므로 당분간 깨끗하게 포기하고 치료에만 전념하기로 마음을 단단히 고쳐먹었다.

치료받은 지 20여일 지나 X－레이 촬영을 다시 요청했다.

이제는 사진상으로 보아서는 다친 부위가 깨끗하므로 치료를 끝내도 된다고 했다. 그런데도 발의 움직임이 다치기 전에 비하면 많이 부자연스럽고 작은 통증도 계속 느끼므로 스스로 자신이 없어 좀 더 물리치료를 받기로 했다. 6일간 더 치료받은 다음 치료를 끝내기로 결심한 9월 10일 새벽에 시험 삼아 7km를 뛰다 걷다 했다. 예전 같지는 않지만 괜찮게 느껴지고 이젠 치료를 끝내도 되겠다는 확신이 섰다. 마침 이날은 때늦은 여름휴가를 하루 내어 가족과 함께 여행을 떠나기로 한 날이다. 치료를 끝내겠다고 의사와 상담하며 그동안의 치료에 대한 감사의 뜻으로 선물도 건넸다. 마지막 물리치료를 받는데 지난 3개월간과는 다르게 찜질팩이 매우 뜨겁게 느껴졌다. 치료사에게 수건을 두 겹, 세 겹까지 요청하여 가장 힘들게 치료를 끝내고 09시 40분경 홀가분한 마음으로 병원을 나섰다.

귀가하자마자 여행용 물품을 챙겨 가족과 함께 휴가를 보내기로 한 홍천 비발디 파크로 향했다. 이동 중에 시간이 지날수록 발뒤꿈치가 따끔거리는 것을 느꼈다. 14시경 목적지에 도착, 숙소에 들어가서 통증이 있는 곳을 살펴보니 물집이 티스푼만 하게 잡혀 있었다. 차 안에서야 어쩔 도리가 없지만, 이 지경이 되도록 그 부위를 살펴보지 못한 나도 참어지간히 미련하다는 생각에 웃음이 나왔다. 또한 너무 미련하게 치료를 받다가 화상을 입었다는 생각과 함께 몇 달간의 지루한 발목치료가 여기서 끝이 아닐 수도 있겠구나 하는 불길한 마음이 불현듯 들었다. 물집이 불편하므로 급한 대로 수지침을 이용하여 부푼 것을 가라앉혀보지만 이내 부풀어 오른다. 예전에도 가볍게 대어 물집이 생기면 바늘로 찔러 물기를 빼고 난 다음 화상 치료연고를 발라주면 금방 아물던 기억이 났기 때문인데 뜻대로 잘 되지 않았다. 어찌 되었거나 화상을 대수롭게 생각하지 않았고 오랜만에 딸, 아들과 만나니 반갑고 즐거운 마음에 이런 저런 얘기 나누며 술도 제법 많이 마셨다. 또한 다음 날은 상처가 염려되어 망설이다 가족을 따라 오션월드로 이동한 후 물놀이 대열에 합류하여 하루를 보냈다. 즐겁게 어울려 논 탓인지 통증을 별로 느끼지는 못했으나 상처가 악화될까 걱정되어 응급실에서 치료를 받은 후 귀가했다.

  다음 날 아침에도 큰 아픔을 느끼지는 않았다. 그러나 화상은 피부가 약해 쉽게 세균에 감염되고 악화되면 치료도 어렵다는 얘기를 들었으므로 P정형외과로 찾아가 사정을 얘기하고 상처를 보이니 가볍지 않다고 하며 깜짝 놀란다. "제가 치료를 잘못 받아 불편하게 해드려 죄송합니다"라고 하니 "물리치료 중에 발생한 사고이므로 완치될 때까지 치료비는 받지 않겠다"고 하신다. 뜨거운 것을 참고 찜질 치료받은 내 잘못이 더 크다고 다시 얘기해도 걱정 말고 마음 편하게 치료나 잘 받으라고 한다. 내 솔직한 심정은 찜질팩이 평상시보다 너무 뜨거웠다는 원망보다는 그것을 선택하거나 거부할 수 있었던 내 잘못과 책임이 더 크다고 생각한다. 의사와 간호사는 물론, 물리치료사의 시간과 의료장비를 투자하여 1개월 10일간 발목 부상을 치료해주면서 수입을 얼마나 올렸는지는 알 수 없다. 뜻밖의 사고로 전혀 도움이 되지 않는 환자를 치료하느라 병원의 인력이 시간을 빼앗기고 의약품이 투입되니 손해도 이만저만한 것이 아닐 듯싶다.

화상치료 6일째를 맞았다. 나는 사람 만나고 술 마시는 것을 아주 즐겨한다. 그러나 화상이 별 것 아닌 것으로 여기고 가족과 만나 이틀간 마신 것을 제외하고는 7일째 술을 입에 대지 않았다. 내가 보기에도 상처가 가벼워 보이지 않았고, 치료할 때도 살 떨리는 아픔을 느끼지만 제대로 걷지 못할 정도였기 때문이다. 몸을 움직이는 것도, 발걸음을 옮기는 것도 최대한 자제하면서 다만 하루라도 빨리 치료를 끝내고 싶을 뿐이었다. 이것만이 병원에 대한 나의 미안한 마음을 빨리 털어내는 것이자 나에 대한 병원의 불편스런 마음도 빨리 끝내는 것이라 여겼기 때문이다.

2008년 11월에 친구들과의 모임 자리에서 술이 가볍게 오르자 놀이 삼아 절친한 친구와 팔씨름을 하다 내 왼쪽 팔이 부러진 사건이 있었다. 나는 물론 한자리에 같이 모인 친구들, 그리고 이 얘기를 듣는 어느 누구도 이 사실을 믿으려 하지 않는다. 다른 일 때문에 다친 것을 엉터리로 꾸며낸 이야기라는 것이다. 그러나 분명한 사실이고, 충분히 그런 일이 벌어질 수 있다는 것을 내가 증명해보인 것이다. 이 얘기를 왜 꺼내는 것인가 하면, 우리 주변에서는 전혀 예기치 못한 일들이 얼마든지 벌어질 수 있다는 것이다. 또한 누구든지 그 당사자가 될 수도 있으므로 그저 매사에 조심 또 조심하는 일밖에 없다는 점을 강조하기 위해서이다.

팔이 부러졌을 때도 내 팔을 부러뜨린 친구를 결코 원망하지 않았다. 나와 같이 벌인 일인데 좋지 않은 마음 가져봐야 내 자신에게 침 뱉는 일이 아닌가 말이다. 그 일 덕분에 거의 2개월간의 병원생활이라는 새로운 경험도 해보았고, 몸이 불편하긴 했지만 좋아하는 술도 한동안 자제할 수 있었다. 이번의 화상을 입은 것도 그 좋아하는 달리기를 새로 시작할 시기가 늦어지고, 불편한 몸으로 생활해야 할 시간도 길어진 서운한 면도 없지는 않았다. 그러나 물리치료 받다가 화상을 입을 수도 있다는 새로운 사실을 알게 된 점, 그동안 주변에서 몸 망가진다고 크게 걱정할 정도로 마라톤을 많이 했는데 좀 더 긴 휴식을 가질 수 있다는 점, 자발적인 것은 아니지만 치료 받는 기간 동안 술을 자제함으로써 건강을 다질 수 있다는 점 등 긍정적인 면도 더러 있었던 것 같다.

모든 일이 자기 생각하기 나름이다. 주변 사람들에 의하여 휘둘리기도 하지만 내가 마음을 굳게 먹으면 흔들리다가도 제자리로 돌아온다. 발목을 삐어 오랜 기간 동안 치료받다

마지막 날 뜻밖의 상처를 입고, 또 다른 치료를 받으면서 그
간의 느낌을 적어보았다. 앞날은 누구도 알 수 없다. 앞으로
남은 내 삶에 어떤 또 다른 뜻밖의 일들이 기다리고 있을
까? 보통 사람들이 합당하다고 인식하는 방향에 맞추어 신
중하게 생각하고, 판단하며 결정하고 행동하는 것이 최선의
길인 것 같다.

부모

아빠와 엄마, 아버지와 어머니, 부모님!

세상에 이 보다 더 따뜻하고 포근한 낱말이 있을까? 글과 말이 아니고 관계라고 하는 것이 맞겠다. 부부간의 사랑, 부모와 자식 간의 사랑, 형제자매간의 우애와 사랑, 이성 간의 사랑, 친구 간의 우정 등 여러 가지가 있지만 그중 최고는 부모와 자식 간의 사랑이 아닐까 한다. 내게는 만 18세 이후로 부모가 없다. 누구나 때와 장소는 다르지만 언젠가는 이 모양 저 모양으로 모두 죽게 마련이다. 원하건 원하지 않건 간에 그리운 사람과 이별해야 하는 순간은 필연적으로 다가온다. 내가 지금까지 겪은 죽음은 어떤 모습이었을까? 할머니, 큰아버지, 사촌 누나, 매형 등의 죽음은 쓰라리고 아팠다. 그러나 어머니의 죽음은 무덤덤했으며 아버지의 임종은 보지도 못했다. 죽음을 생각하니 나와는 큰 관계도 없는 두 분의 범상치 않은 죽음이 생각난다. 지난해에는 노무현 대통령, 올해는 김대중 대통령의 죽음을 보았다. 대한민국 역사상 독재에 항거하면서 인권과 민주화 운동에 온몸을 바쳤고, 세계 그 어느 나라보다 더 빠르게 민주정부를 수립하는 데 큰 업적을 남겼으며 그러한 업적으로 대통령으로 당선되신 훌륭한 분들이라 생각한다.

한 민족이 한 땅에서 수 천 년을 끈질기게 살아오다 외세에 의해 대한민국과 북한인민민주공화국의 둘로 끊어진 상황에서 6·25라는 민족상잔의 참혹한 전쟁을 끝낸 뒤 수십 년이 지나 남북 이산가족이 상봉한 때가 있었다. 그들도 울었지만 TV를 보며 나도 끝없이 울었던 기억이 생각난다. 요즈음에도 가끔 헤어진 가족이 몇십 년 만에 만나는 것이 기사화되어 방송을 통해서 보게 된다. 그리움과 만남의 극적인 표현이겠지만 울음이 전부인 것 같다. 하지만 내게 있어 부모는 전혀 그렇지 못했다. 부모의 얼굴을 알지 못하는 상태에서 원망해 본 기억도 없지만 만나고 나서도 절절하게 반갑다거나 감정을 주체하지 못해 펑펑 울거나 하지 않았다. 왜 그랬을까? 그만큼 절실하지도 않았고, 어쩌면 스스로 단념하고 체념해버렸기 때문일 것이다.

초등학교 4학년까지는 큰아버지 집에서 자랐다. 그런 까닭에 초등학교 4학년까지는 내 기억 속에 부모님의 확실한 모습이 없다. 초등학교 저학년 때 학교에서 얼굴도 모르던 어머니의 손에 이끌려 전혀 낯선 곳으로 따라나섰다가 잘 기억도 나지 않는 곳에서 한동안 지내다 다시 큰집으로 돌아왔던 짧은 기억이 있을 뿐이다. 그때조차도 엄마라고 부르기나 했는지, 같이 지냈던 순간은 어떠하였는지 기억이 없다. 아마도 즐겁고 행복했다기보다는 그렇지 못하지 않았을까 하는 생각이 든다. 큰아버지와 큰어머니의 슬하에서 사촌들과 함께 친형제자매처럼 자랐다. 어린 아이에게 어떤 사정이 있었는지 알려주지 않는 게 당연하였을 것이고, 나 또한 알려고 노력하거나 궁금해 하지도 않았던 것 같다. 왜 내게는 남들처럼 부모가 없는지, 왜 큰아버지 집에서 생활해야 하는지에 대하여 크게 고민하거나 슬퍼하거나 원망해본 기억도 없다. 유아교육에 관한 책에 의하면 인성의 대부분이 영·유아기에 완성된다고 하는데 이 시기에 큰 충격을 받으면 그 기억을 스스로 지워버리려고 애쓰거나 부정하려고 한다는데 그런 원인도 작용하지 않았을까 하는 생각을 하게 된다.

초등학교 5학년 때 큰아버지 집에서 갑자기 아버지를 만나게 되었다. 내 감정에 문제가 있었던 것은 아니었을까? 반가운 마음에 부둥켜 울거나 사무치는 그리움으로 온몸에 전율을 느끼거나 하는 감정도 일어나지 않았다. 아버지가 큰집에 자주 오셨는지, 그리고 오셨을 때 아버지라고 불렀는지에 대한 기억도 없다. 아버지라고 하시기에 그런가 보다 했고, 같이 생활하기 위해 큰댁을 떠나야 한다고 해서 선택의 여지가 없었기 때문에 따라 나선 것이다. 생면부지(生面不知)였던 아버지와 느닷없이 나타난 의붓어머니 그리고 이복동생 둘을 만나 강원도 도계라는 낯선 곳으로 거처를 옮겼다.

이곳에서는 좋든 싫든, 원하건 원하지 않건 선택의 여지가 없었기에 3년 정도 같이 생활을 하게 된다. 아버지가 새로 꾸민 가정에 불청객인 내가 끼어들었으니 아무래도 가정의 분위기가 예전과는 달라졌을 것이고 이런저런 잡음이 많이 발생했을 것이다. 전혀 다른 지역의 사람들과 풍토, 타인의 가정에서 이방인과 같은 신세로 남다른 교육을 받은 내가 온전하게 가정을 이루어온 그들과 어떻게 조화롭게 섞이고 융화될 수 있다는 말인가? 그러나 나와 의모, 그리고 동생들과 사이가 그렇게 나빴던 것만은 아닌 듯하다. 중학교 1학년 때 집에서 하숙하던 공사인부들과 같은 방을 사용하다 피부병이 옮아 오랜 기간 동안 고생한 적이 있다. 무려 6개월간 휴학을 하고 한약방을 하시던 동생의 외할아버지 댁에서 완치한 적도 있기 때문이다.

어른들이 하는 일, 어린놈은 모르는 것이 당연하고 알아봐야 나로서도 어쩔 수 없었겠지만 우리 가정은 그리 오래 가지 못하고 풍비박산이 났다. 전세방에서 나와 어렵게 장만한 우리 집에서 2년도 채 못살고 가정이 뿔뿔이 흩어졌다. 나는 2학년 초 도계에서 하숙방을 구해서 남고, 아버지와 나머지 가족은 삼척으로 이사하며 전세방을 구했다. 그리고 몇 달이 지난 후에 하숙집에서 나와 삼척에 있는 집으로 가니 아버지 혼자만 계시고 의모와 동생들은 온데간데없었다. 아버지는 서울에 있는 동생들의 외갓집으로 짐을 옮겼으며 전학했다고 말씀해주셨다. 왜 갑자기 그렇게 되었는지 궁금하며 알고 싶었지만 말이 입 밖으로 나오지는 않았다. 이것으로써 우여곡절 끝에 연결되었던 나와 의모, 그리고 동생들과의 관계는 사실상 끝나게 되었다. 원인이 무엇인지 구체적으로 잘 알 수는 없었지만 일이 크게 잘못되고 있다는 것을 육감적으로 느꼈으나 깊이 알려고도 하지 않았다. 나와 아버지의 관계가 특별히 나아진 것도 없고, 의모 및 동생들과의 사이에 끈끈하고 애틋한 정이 쌓인 것도 아니었기 때문일 것이다. 이때 이후로 그들이 아버지를 찾아 집으로 온 것을 본 기억은 없으며, 그럴 수밖에 없는 상황을 알게 된 것은 그리 오래가지 않았다.

키가 150cm도 채 안 되는 어린 중학생에게 삼척에서 도계까지의 통학은 벅차고 힘든 일이었다. 성남리 집에서 버스 정류장까지 걸어서 10여 분, 죽서루 앞에서 도경까지 버스로 30~40분, 도경에서 도계까지 기차로 1시간 이상, 도계역에서 학교까지 걸어서 20여 분, 등교에만 적어도 2시간 이상이 걸린 것이다. 아무리 늦어도 6시 이전에 일어나야 지각을 겨우 면하는 것이고, 기차 시간에 맞춰 집에 도착하면 빨라도 밤 9시는 넘게 되는 것이다. 또한 분기별로 납부하는 학비를 제때 내지 못해 선생님으로부터 혼나고, 친구들로부터 창피 떤 기억은 너무도 많아 이루 헤아릴 수 없다. 어린 마음에도 이런 놈의 학교 꼭 다녀야 하는 것일까 하는 생각도 여러 번 하였다. 그러나 고아나 다름없이 전라북도 순창의 큰집에서 자라다 너무나도 먼 강원도 도계, 삼척이라는 곳까지 온 내게는 선택의 여지가 전혀 없었다. 그런 와중에도 무단가출이나 결석, 흡연 및 음주 등은 전혀 하지 않았을 정도로 문제를 일으키지 않았고 조용한 학생이었음은 지금 생각해보아도 다행스럽다. 아마도 그때마다 많이 부모를 원망했을 것이다. 그러나 이런 일로 부모님과의 관계가 심각해진 기억이 없는 것으로 보아 내 위치가 어정쩡한 것임을 매우 잘 알고 있었으며 비교적 순종적이었던 것 같다. 어렵사리 중학교는 졸업하게 되었고, 제법 잘 알려져 있는 춘천의 C 고등학교에 입학시험을 보아 다행스럽게 합격했다. 그러나 입학금을 마련하지 못해 고등학교 입학을 포기하는 단계까지 이르게 되었다. 우여곡절 끝에 돈이 마련되어 개학 하루 전날 등록하고 입학하였다. 고등학교 재학 중에도 학비를 제때에 낸 기억은 별로 없고 선생님으로부터의 잔소리와 독촉을 새벽의 알람소리처럼 듣고 생활하였다. 이렇게 어렵게 학교를 다니면서도 내가 목표하는 상급학교로 진학하지 못했으니 생각과 머리, 의지와 노력이 많이 따라주지 않았다는 얘기다. 부모님과 나 자신까지 그렇게 고생을 시키면서까지

도대체 고등학교는 왜 다녔을까 하는 자괴감을 한동안 가진 적도 있다.

고등학교 1학년 여름방학 때의 일이다. 의모님으로부터 오랜만에 얼굴 한번 보자는 연락이 왔다. 서로 조금씩 알아가던 시기에 아버지와의 갑작스런 별거로 좋은 감정이 있을 리 없지만 몇 년간 어머니로 모신 분이고 오랜만에 동생들과도 만나고 싶어 주소를 물어물어 인천으로 향했다. 이날 죽을 때까지 절대로 잊지 못할 가장 충격적인 일 중의 하나를 겪게 된다. 의모님과 동생들이 생활하는 집에서 아저씨 한 분을 만났는데 도계의 우리 집에서 하숙하며 나하고는 비교적 친하게 지내던 분이었다. 처음에는 서로 반가워했으나 나중에는 만난 것을 후회하고 원망하며 도망치듯 빠져나왔는데 의모님과 동거를 하고 있었던 것이다. 나를 낳아주신 어머니를 뒤로 물러나게 하고, 부부로서 두 아이까지 낳아 같이 기르던 남편이 삼척에 멀쩡하게 있는데 다른 남자와 살림을 차리다니……. 어린 나이에 세상 물정도 모르고 자랐지만 도저히 이해도 안 되고 용납도 할 수 없는 일을 어른들이 또 벌인 것이다. 그것도 어리다지만 초등학교에 다니는 자기가 낳은 어린 자식 두 명을 데리고서 말이다. 보지도, 듣지도, 알지도 못했으면 차라리 좋았을 일을 생생하게 본 것이다. 이런 사실을 왜 나한테 보여주려고 부른 것인지 도대체 알 수 없는 일이었고 아직까지도 마음속의 의문으로 남아 있다. 아마도 그 이유는 평생 알 길이 없을 것 같다. 내 마음이 바뀌어 앞으로 다시 의모님을 만난다 한들 알아 봐야 아픈 기억임이 분명할 것인데 굳이 과거로 다시 되돌아갈 필요는 없는 일이다.

이 일로 내 마음 속에 남아 있는 어머니에 대한 미련과 기대, 가족 간의 사랑이라는 단어는 낯설지만 오붓하고 행복한 가정, 가족을 바탕으로 하는 미래에 대한 밝은 꿈과 희망 등 많은 것들을 잃어버리게 되었다. 꽤 많은 날들을 번민하고 갈등하였다. 그러면서도 의모님을 끝없이 원망하거나 한탄하기보다는 일이 이 지경까지 오게 만든 아버지의 무능함이 더 싫었다. 물론, 이런 생각과 뜻을 두 분에게 밝힌 것은 아니다. 어른들이 자기들 마음대로 어린이들을 가지고 놀다가 내 마음에 또 하나의 큰 상처를 남겨주면서 이복동생들에게도 돌이킬 수 없는 참담한 아픔을 안겨준 것이다. 어떻게 책임질지 알 수 없으나 나 같은 피해자를 또 만든 것이다. 이런 일을 겪고서도 큰 충격을 받지 않았고 생활은 평상시와 변함없었다. 학교는 착실하게 다녔으며, 술·담배도 하지 않았고, 여학생과의 교제나 불량 서클 등에는 전혀 관심도 기울이지 않았음에서 확인할 수 있다. 아마도 너무 어린 나이에 큰 충격과 아픔을 겪으면서 단련이 되어서였을 것이다. 마음속의 울분과 신세한탄을 속으로 삭이며 고등학교 졸업 후의 목표 달성을 위하여 매진한 것이다. 그러나 심란한

정신 상태와 갈등 속에서 한 공부가 제대로 될 리 없다. 고등학교의 자퇴도 깊이 생각해보았으나 아버지의 만류로 졸업까지 하게 된 것은 그나마 다행이라 할 수 있겠다.

고등학교는 집과 떨어진 외지에서 다녔으므로 재학기간 동안 기숙사 생활을 하였다. 이 3년이란 긴 시간 동안 떨어져 지냈기에 아버지와의 관계가 더 가까워질 수 없었으며, 의모님과의 결별은 이를 더 악화시키는 결정적인 계기였다. 고등학교는 졸업하였으나 목표한 육군사관학교 입학에 실패하였으므로 대학 진학은 꿈조차 꾸지 않았다. 아버지의 사정을 알아볼 필요도 없이 내 손으로 학비 벌어 정규대학에 가고 싶은 마음은 전혀 없었다. 중학교, 고등학교를 다니며 입학금, 등록금 때문에 넌덜머리가 날 정도로 학교와 선생님으로부터 시달렸고 질려버렸기 때문이다. 또한 직장에 다니며 돈을 벌면서 독학으로, 야간대학으로도 충분히 가능하다는 믿음도 가지고 있었다.

1980년 2월 고등학교 졸업 후 1년 4개월간 다섯 평도 채 안 되는 단칸 사글세방에서 아버지와 같이 지냈다. 아버지의 직장은 보험회사였는데 벌이가 꽤 좋지 않았는가 보다. 20년 이상 직장생활을 하셨으며 연세가 쉰 가까운 분이 그동안 벌어서 무엇하고 이렇게 궁핍한 생활을 하는지 의문스러웠으나 여쭤보지도 알려고 하지도 않았다. 평상시 부자간에 대화할 기회도 별로 없었고 그런 정도까지 허심탄회하게 얘기할 정도로 가까운 관계가 아니었기 때문이었을 것이다. 그나마 이때가 우리 두 사람에게는 가장 가까워질 수 있는 계기였고, 서로에 대해서 좀 더 깊이 알고 이해할 수 있는 시간이었다. 사랑하는 아내, 그리고 애지중지하던 두 자식을 다른 남자의 품으로 보낸 47세 아버지, 10년 만에 만나 애틋한 정도 없는 18세 아들과의 생활이 결코 정상적이라고 할수는 없다. 그러나 시간이 지날수록 특별하게 더 악화되지는 않았지만 관계가 좋아지지도 않았다. 두 사람 사이에 오랜 기간 쌓인 벽과 앙금이 너무 두꺼웠기 때문이었을 것이고 이를 극복하지 못한 것이 결국 서로에게 돌이킬 수 없는 엄청난 아픔과 상처를 주고 만 것이다.

부자지간의 어색한 동거생활은 1981년 4월에 끝나고 만다. 아버지와 상의 없이 지방공무원 시험을 보았는데 운 좋게 합격하였고 8주간의 교육을 받으러 입교하면서 말씀을 드리지 않은 것이다. 그런데 이것이 아버지와 나의 마지막이 될 줄은 전혀 꿈에도 생각하지 못했다. 장기간 병원치료 받는 모습을 보지 못하였고, 몸이 특별하게 불편하다는 말씀을 하신 적도 없으며, 약을 달고 사신 분도 아니었기 때문에 아버지의 건강에 대해서는 전혀 신경 쓰지 않았다. 만약 몸이 불편하신 것을 알았다면 아무 말 없이 장기교육을 받으러 가지는 않았을 것이다. 다만, 시험 보고 교육 입교할 당시 몇 달간 아버지께서는 회사 직원 집에 머무르고 계셨고, 단

칸방에서는 나 혼자 생활하며 간혹 아버지를 찾아뵈었지만 이상 징후를 전혀 알아차리지 못했다. 이로써 아버지를 안 지 9년 만에 우리의 짧은 동거생활, 부자지간으로서 이 세상의 인연은 끝났다. 아직도 아버지에 대해서 아는 것이 별로 없다. 할머님과 백부님께서 돌아가셨는데 사시는 동안 아버지의 인생이 어떠하셨는지 여쭤보지도 않았지만 말씀도 안 해주셨다. 아직까지는 큰어머님과 작은아버님 부부가 살아계신다. 수십 년간 아버지에 대하여 알아보고 싶은 마음이 있었지만 내가 알고 있는 모습이 별로 좋지 않듯이 괜한 얘기 들을까봐 용기를 내지 못하고 있다.

어머니에 대한 나의 기억은 정말 황당하다고 할 수밖에 없다. 앞에서도 조금 언급했지만 생전의 모습이나 같이 지낸 시간 등 기억 속에 남아 있는 것이 거의 아무 것도 없다. 그렇다고 하더라도 배 아파가며 고통 참고 내가 세상 빛을 보게 해주셨으며 지금의 이 순간도 있도록 해주셨으니 나는 잘 모르더라도 확실하게 어머니가 맞다. 중학교 2학년 때 매섭게 추운 어느 겨울날 어머니가 돌아가셨다는 부고를 받은 아버지를 따라 서울 외갓집으로 갔다. 처음 가보는 집이었고, 만나는 사람들마다 낯설고 어색한데 모두가 나를 알아보고 반겨주었다. 지금까지의 내 생활이 이루어졌던 공간과는 전혀 다른 곳에서 모든 이목이 나에게 집중되었다. 고인의 외아들로서 평범하게 자라지 못한, 아직은 나이 어린 나에 대한 측은함과 앞날에 대한 걱정 어린 관심 때문이었을 것이다.

　외조부모님과 외삼촌 및 외숙모님들께서는 고인이 젊은 나이에 너무 일찍 세상을 떠나 불쌍하고 안 되었다고 통곡했다. 하지만 나는 슬픔도 느껴지지 않았고 눈물도 나오지 않았다. 생전의 얼굴은 전혀 기억도 하지 못하는데 돌아가신 분 앞에 아들이라고 왜 데려다 놓았는지 지금도 이해되지 않는다. 지금의 내가 그런 입장이었다면 나는 절대 그렇게 하지 않을 것이다. 그것이 오히려 어린 아이들에게 정서적인 면이나 교육상으로도 바람직하다고 생각한다. 하여튼 상주라고 빈소 앞에 앉아 있으니 그저 부자연스럽고 왜 나를 이런 자리에 데려왔는지 화나고 원망스럽게만 느껴졌다. 살아계셨을 때는 왜 찾지 못했단 말인가? 뒤죽박죽이 된 어른들의 인생 속에서 아이만 이리저리 굴림을 당하면서 가장 큰 피해를 본 것이다. 대략적으로 정리해보자면 어머니께서는 아버지와 의모님의 관계 속에서 밀려났고, 십수 년을 그리움과 고통 속에서 생활하시다가 자살을 하셨다는 것이다. 지금 당시를 돌이켜봐도 나에게는 남의 집에 가서 장례절차를 손님으로서 지켜본 것이나 크게 다를 바 없었던 것 같다. 그러나 어머니의 상례를 계기로 끊어졌던 외갓집과 나와의 관계는 새로 시작되었고, 지금까지 왕래가 계속되고 있으니 돌아가시면서 큰 선물 하나 남겨주신 것 같다.

　이것이 부모에 대하여 내가 알고 있는 전부이다. 알고자 노력한다면 부모님의 형제자매나 친척 등을 통해 더 많은 것을 알 수 있겠지만 지금의 심정은 알고 싶은 마음이 전혀 없다. 길게는 50년, 짧게는 30년 전의 일을 끄집어내봐야 아프고, 슬프고, 고통스럽고, 아름답지 못한 얘기들만 나올 것 같은 생각이다. 바람직스런 부모의 모습과 역할은 무엇일까? 부모와 자식의 입장, 아버지와 어머니의 생각, 개인과 가정의 형편, 자라온 환경과 생활수준 등에 따라 제각각일 것이다. 그러나 모든 입장과 여건 속에서 공통적으로 인정하고 요구하는 사항들이 있을 것이다. 하버드대학 공중보건센터 연구팀은 부모에게 권하는 자녀양육의 5대 기본원칙으로서 사랑과 결속, 감시와 관찰, 지침규정과 제한범위 설정, 본보기와 상담, 지원과 지지를 발표했다고 한다. 짧게 표현하기가 어렵지만 그래도 굳이 내 생각을 몇 가지 제시해보면 부부로서의 책임과 의무 지키기, 자녀에 대한 깊은 관심과 사랑, 부부 및 자녀와의 소통과 유대 강화, 정당한 권위 확립, 사회에서 일반적으로 인정되는 도덕성 갖추기 등이 아닐까 한다.

나는 지금 과연 자녀들에게 바람직한 부모인가를 생각하게 된다. 내 생각보다는 아이들이 어떻게 받아들이고 있는가가 관건이 될 것이다. 내가 어린 시절을 남들과는 다른 시절을 보냈고 성년의 초입에 이르기 전에 부모님을 모두 떠나보냈기에 나름대로 각별한 관심과 애정으로 아이들을 대하였다. 심지어 부모로서의 역할에 대한 회의감 때문에 아이 하나만을 낳아 기르기로 아내와 약속까지 했다. 아내와 진지한 상의 끝에 두 번째로 아들을 낳았는데 이 외롭고 험한 세상을 딸 혼자보다는 남매로서 살아가도록 만들어 준 것이 훨씬 잘했다는 생각이다. 아직까지는 우리 가정이 지지고 볶으며 늘 바람 잘 날 없이 살지만 아직은 한 울타리 안에 있고, 더러 싸우기도 하지만 부부관계도 원만하게 유지되고 있다. 많은 사람들의 부부 이혼사유가 성격 차이라고 한다. 성격만큼 중요한 것이 왜 없겠는가마는 '마음먹기'에 따라서는 뭐든 할 수도 안 할 수도 있기 때문일 것이다. 나는 자식을 낳은 부모로서 최고, 최대의 의무는 부부의 관계를 온전히 유지하는 것이라고 생각한다. 이것에서부터 부모의 역할과 책임에 관한 모든 것이 출발한다고 믿는다. 사랑 여부를 떠나 두 남녀가 만나지 않았으면 부모의 자격을 갖추게 되는 첫 번째 요인인 자식을 가질 수 없지 않은가 말이다. 나는 가정과 부부관계의 유지를 위하여 부족한 대로 잘못도 많이 하지만 신뢰와 성실함을 잃지 않고 아내와 가족에게 최선의 노력을 기울여 왔으며 앞으로도 더 애쓰려고 한다.

우리 부부의 입장에서 볼 때 아이들에 대한 불만은 없으나 아이들의 입장에서는 어떤지 잘 알 수 없다. 현재 가족 관계를 해칠 만큼 표면에 드러난 갈등은 전혀 없다. 딸이 28살, 아들이 23살이 된 지금까지는 많은 갈등을 서로 노력하고 애쓰면서 슬기롭게 잘 해결해왔다. 동해와 정선, 청주에서 각각 떨어져 생활하고 있으므로 자주 만나지는 못하지만 소통에도 별 문제는 없다. 떨어져 지낸 지도 짧게는 4년 이상 되었지만 언젠가는 그들만의 새로운 둥지를 틀어야 되고 영원히 이별해야 하는 시기도 다가오므로 빨리 연습하는 것이 더 나을 것이다.

가족끼리 협의하여 의도적으로 계획한 모임이나 갑자기 이루어지는 우리들의 만남이 늘 기다려지고 만나면 반갑고 기쁘다. 부모와 자녀로서의 관계는 현재 진행형이고 앞으로 모든 면에서 더 나아지기를 늘 희망한다.

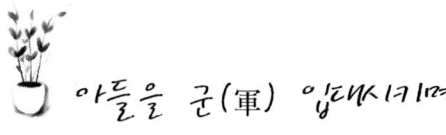
아들을 군(軍) 입대시키며

2008년 5월 19일은 아들 소롱이가 논산훈련소에 입소하는 날이다. 정신과 신체가 건강한 남아로서 대한민국의 부름을 받고 신성한 국방의 의무를 다하기 위하여 몸과 마음을 바치러 가는 날인 것이다. 우리 부부와 가정은 물론, 자신에게도 생명이 다하는 날까지 결코 잊지 못할 날이 될 것이다. 국토방위! 얼마나 중요하고도 숭고한 일인가? 한 나라의 국민으로서 이 보다 더 큰 사명과 의무가 있을 수 있을까? 이 지구상에는 200여 개 이상의 국가가 있으며 국가 간의 교류도 갈수록 그 폭은 넓어지고 깊이는 깊어지고 있다. 따라서 제한적인 면도 없지는 않지만 나라 간의 귀화와 이민도 자유롭게 이루어지고 있으므로 개인의 판단과 선택에 따라 나라도 바꿀 수 있으므로 달리 생각할 수도 있겠지만 결국 어느 곳이건 간에 한 나라에는 속할 수밖에 없는 것이다.

우리나라는 같은 민족이 철천지원수(徹天之怨讐: 하늘에 사무치도록 한이 맺히게 한 원수)가 되어 38선을 경계로 총칼을 살벌하게 겨누고 있는 지구상의 유일한 민족이라고 한다. 그러나 그렇지만은 않다는 것이 내 생각이다. 국경만 없지 같은 국가 안에서 인종과 종교 등의 갈등으로 살육이 벌어지고 있는 곳이 어디 한두 군데인가 말이다. 매일 언론을 통하여 수많은 지구촌 소식을 접하고 있는데 학살, 테러 등의 사건이 없는 날을 단 하루도 보지 못한 것 같다.

국민의 한 사람이 대통령이나 국회의원 등 선출직 공무원에 출마하거나 고위직 공무원으로 임명될 때, 그리고 국민들로부터 큰 관심의 대상이 되는 유명 연예인이나 방송인 등의 병역문제가 언론의 집중적인 조명을 받아 사회, 국가적으로 큰 이슈가 될 때가 자주 있다. 이것은 우리나라가 현재 처해 있는 국가의 안보상황이 항상 일촉즉발(一觸卽發)의 긴장감을 가지고 있기 때문일 것이다. 이로 인해 국민의 4대 의무 중에 '국방의 의무'가 포함되어 있으며, 이 의무를 지키지 않은 대한민국의 남자들은 많은 대화의 자리에 제대로 끼지 못하는 경우가 많은 것 같다. 정부에서는 국민들의 어려운 사정을 감안하여 병역의무를 면제시켜 주거나 감면하여 주고 있다. 따라서 사회적으로 대중이 문제를 삼는 것은 가정적·경제적·신체적으로 멀쩡한 남자들이 병역을 회피하거나 기피하는 것이다.

그런데 대체적 · 보편적으로 똑같은 조건일 경우, 재산이 많거나 사회적 지위가 높은 가정이 면제나 감면을 많이 받는다는 점에서 도덕적으로 비판을 많이 받는 것 같다. 아마도 이런 경우를 비꼬아서 '유전무죄(有錢無罪), 무전유죄(無錢有罪): 돈이 있으면 죄가 없고, 돈이 없으면 죄가 있다'라는 말이 나온 것 같은데 뜻밖에도 이 말이 널리 사용되는 것을 보면 사회적으로 공평하지 못한 경우가 꽤 많은가 보다. 이에서 더 나가 '유권무죄(有權無罪), 무권유죄(無權有罪): 권세가 있으면 죄가 없고, 권세가 없으면 죄가 있다'라는 말도 과연 일리가 있는 말이 아닌가 하는 생각을 하게 된다.

소룡이는 1988년 5월에 태어났으므로 이제 만 스무 살이 되었다. 청주에 있는 충북대학교 1학년을 마친 후 군 입대를 위해 2학년은 등록하지 않았다. 군 복무기간 동안에 제가 쓸 용돈을 벌기 위해 하숙방에서 지내며 아르바이트를 하다 입대 1주일을 앞두고 귀가하였는데 내 자식이지만 기특하고 대견스럽다는 생각이 든다. 군 입대할 녀석이 집에서 논다고 누가 뭐라고 탓할 것이며, 군 복무기간 중에 제가 쓸 용돈을 해주지 않을 부모가 대한민국에 과연 몇 명이나 되겠는가 말이다. 어찌 되었건 우리 부부로서는 만류할 이유가 전혀 없는 일이다. 첫째, 지가 벌어 용돈 쓰니 얼마가 되었건 우리 부담은 그만큼 줄어드는 것이며, 많지 않은 돈을 고생하며 벌었으니 씀씀이는 줄어들 것이다. 둘째, '젊어 고생은 돈 내고도 배운다'는 말이 있듯이 사회생활이나 인생경험을 그만큼 하게 되니 얼마나 좋은 일인가 말이다. 또한 덩치 큰 놈이 하는 일 없이 집에서 빈둥빈둥 놀고만 있다면 시도 때도 없이 부모와 자식 간에 부딪히며 얼마나 많은 갈등이 생길 것인가? 이는 불을 보듯 뻔한 일인데 오히려 어떻게 잘 지내는지 서로 궁금해 하고 걱정할 정도였으니 참으로 잘된 일인 것이다.

이 세상의 모든 부모가 자기 자식을 고생시키기보다는 조금이라도 더 환경이 좋고 편한 곳에서 지내기를 바랄 것이다. 우리 부부 또한 마찬가지의 심정으로 일반 사병보다는 ROTC(학군사관후보생)로 복무하거나 육군보다는 공군이나 해군으로 입대하기를 바랐다. 나는 거주하고 있는 곳이 동해안이라는 지리적 위치, 고등학교 졸업의 학력, 치아 결손 등 신체적 결함, 입대 전에 아이의 아버지라는 점 등이 작용하여 해군으로 단기복무사병(방위병)으로 복무하였다. 당시 내가 보기에 해군이 육군보다는 근무여건이 좋아보였고, 공군은 일반 사병도 복무하면서 야간 대학에 다닌다는 확인되지 않은 말도 들어 보았기 때문이다. 그러나 소룡이는 특별한 이유는 없지만 반드시 육군 사병으로 입대하겠다는 것이다. '평양감사도 제 싫으면 그만이다'라는 말이 있는데 제 나름대로의 생각과 의지를 가지고 선택한 것을 말릴 수는 없는 일이다. 어찌되었건 누구든지 이런 저런 명분과 핑계를 가지고 될 수 있는 한 더 편한 곳, 복무기간이 짧은 병과 등을 택하기 마련인데 겉으로는 무덤덤하지만 속으로는 '그래 잘 생각했다. 그리고 남들 다 갔다 오는 곳인데 너라고 별 탈 있겠냐?' 하는 마음이 들었다.

가족회의를 거쳐 논산훈련소에는 함께 가기로 했다. 또한 오랜만에 이 기회를 이용하여 가족여행을 하기로 했는데 일정을 짜는 것은 나에게 주어졌다. 게다가 나는 마라톤을 즐겨하는 까닭에 혹시나 하는 마음으로 논산 주변에서 열리는 마라톤대회를 찾아보았다. 마침 충주에서 '제4회 HCN 충북 방송 충주마라톤대회'가 개최되므로 아들의 군 입대 기념으로 대회 참가를 신청했다. 나는 대회에 참가하기 위해 하루 먼저인 5월 17일 집을 떠났다. 시외버스를 이용, 강릉을 거쳐 충주에 도착하니 20시 30분을 넘어가고 있었다. 늦은 저녁식사를 설렁탕으로 해결하고 하룻밤을 보내기 위해 찜질방을 찾아 들어갔다.

5월 18일! 28년 전 오늘은 광주민주화운동이 일어난 날이다. 나와는 직접적으로 크게 관계되는 일이 없지만 그냥 의식된다. 새벽같이 일어나 내부 식당으로 기서 아침을 해결하고 대회장으로 향했다. 시간 여유가 있는 탓에 찌뿌드드한 몸도 풀 겸 걸어서 갔다. 이슬비, 가랑비가 내리므로 걷기에 조금 불편하지만 자칫 풀코스를 비 맞고 뛰어야 할 것을 생각하면서 그냥 걸어갔다. 탄금대 시민의 광장에서 09시 30분에 큰 신호음과 함께 출발했다. 비가 온 뒤의 조금은 쌀쌀한 날씨 탓에 오히려 뛰기에는 좋게 느껴졌다. 남한강변과 몇 개의 저수지, 충주호 등 충주시내 곳곳을 힘겹게 누비다가 04:06:21의 기록으로 20번째의 풀코스를 완주했다.

물품보관소에서 짐을 찾은 뒤에 아내에게 전화를 하니 대회장 부근에 와 있다고 한다. 아들의 논산훈련소 입영 동행차 딸과 아들을 태우고 동해에서 아침에 출발하여 완주시간에 맞추어 도착한 것이다. 14시 10분경에 만나 대회 주최 측에서 준비한 잔치국수와 막걸리, 두부 등으로 점심을 해결했다. 14시 30분에 우리의 최종 목적지인 논산을 향하여 청주를 떠났다. 아직까지도 기록이 늦은 마라토너들이 계속 뛸 시간인데 출발한 지 얼마 안 되어 폭우가 쏟아지기 시작했다. 별로 좋지 않은 기록이지만 적당한 시간에 맞춰 참 잘 뛰었다는 생각이 들었다. 퍼붓듯이 내리는 비 때문에 운전을 제대로 할 수도 없어 몇 번을 쉬면서 예정보다 30분 이상 늦은 17시 55분에 칠갑산자연휴양림에 도착했다.

이곳은 충청남도 청양군 대치면 광대리에 73$^{ha}$의 울창한 천연림의 아름다운 경관을 살려 1996년도에 조성하였으며 500명을 수용할 수 있는 규모라고 한다. 통나무집 10동과 수련원, 야영장, 전망대, 야외공연장, 물놀이장, 주차장 등 각종 편의시설을 갖추고 있어 가족 단위나 단체행사 하기에 좋은 것 같아 예약한 곳이다. 정상 숙박비는 5만 원인데 비수기인 까닭에 30%를 할인하여 3만 5천 원을 받았다. 쉼 없이 계속되는 비 때문에 산책하며 내부를 둘러보거나 야외에서의 숯불구이 파티 등 오랜만에 계획한 가족여행은 뜻대로 되지 않았다. 이제 할 일이라고는 예약된 '사랑의 집'에 들어가 먹고, 마시고, 얘기하는 일밖에 없었다. 야외행사가 어려우므로 조금은 미안한 마음을 가지면서 실내에서 숯불을 피우고 삼겹살 파티를 했다. 오랜만에 모든 가족이 만난 데다 술 실력은 조금씩 있으므로 이런 저런 얘기를 나무며 술잔을 주거니 받거니 했다. 나중에는 너무 마신다 싶어 전 국민의 오락인 고스톱을 치며 밤은 깊어만 가는데 비는 쉬지 않고 내렸다.

아들의 군 입대를 밋밋하게 그냥 넘어갈 수는 없다는 마음에 시심(詩心)이 일어 충주에서 칠갑산으로 오면서 나름대로 끼적거린 것을 5월 19일 새벽에 쉬는 틈을 내어 읽어주니 분위기가 침울해졌다.

### 아들을 군에 보내며

사랑하는 아들아
처음 가는 새로운 길
앞에 많은 발자국이 있어
모든 진땅은 꼭 피하기를 바란다.

반드시 거쳐야 할 통과의례
의젓하게
담대하게
멋있게
성공적으로
마치기를 온 마음으로 빈다.
우리 가족은
조국은 오래도록 기억할 것이다.
순수하고 아름다운 이 결단이
값비싼 젊음을 불살라
가족과 국가, 인류평화를 위한 선택이었음을…

건강하고 멋지게 잘 자라준 고마운 아들아
조금은 안쓰러운 마음으로
축하하며 너를 보낸다.

짧을 수도 길 수도 있는 시간
새로운 사람, 새로운 환경을
슬기롭게 극복하기 바란다.

그리고 2년 뒤
도전과 변화의 끝에 이룬
보다 더 성숙하고
더 멋진 모습으로
만나자꾸나.

       - 2008. 5. 19 새벽 칠갑산 자연휴양림에서 -


  2년간의 짧은 이별을 앞두고 아들과 새벽까지 계속된 술로 자는 둥 마는 둥 하다 6시 30분에 눈을 뜨니 비가 그쳤다. 아직은 모두 곤히 자고 있기 때문에 조용히 문을 열고 밖으로 나가보았다. 이렇게 깊고 울창한 숲속에서 큰 비 온 뒤에 맞는 아침은 너무나 싱그럽고 상쾌했다. 전 날부터 꽤 많은 술을 했음에도 머리가 개운하게 느껴졌다. 갓 피어나 푸르름을 더해 가는 온갖 나무와 풀, 숙소 앞 개울을 흐르는 수정 같은 맑은 물, 이곳저곳에서 들리는 아름다운 새소리, 이렇게 한적하고 아름답고 여유로운 곳에서 보낸 시간이 언제인지 기억이 아련했다. 모든 것에서 벗어나 이곳에서 질릴 때까지 지내었으면 하는 생각이 이는 것은 나 혼자만은 아니었으리라. 1시간 여 뒤에 숙소로 돌아가니 논산훈련소 부근에서는 점심식사가 여의치 않다는 정보를 입수한 아내는 아들과의 마지막 식사인 점심용 김밥을 정성스럽게 준비하느라 손놀림이 바빴다. 야외에 마련된 나무 식탁에서 안동간 고등어를 구워 아침식사를 마쳤으며 짐을 정리하고 휴양림 내부를 구경한 후 11시 10분에 논산을 향해 떠났다.

논산시 연무읍에 도착하니 우리나라 육군 신병 양성의 요람인 육군훈련소가 있음을 실감할 수 있었다. 우리 가족과 같은 입장이 되어 이곳을 방문한 듯 까까머리 장정을 태운 차량 행렬이 많이 보였다. 육군훈련소는 반세기 동안 640만에 가까운 장병을 양성하여 국가방위와 국가발전의 견인차로서 역힐을 다해온 곳이라고 하니 그저 놀랍기만 했다. 군부대가 주둔하고 있는 지역은 어느 곳이나 군인들에 의해 지역경제가 좌우된다고 하는데 그 많은 병력이 이곳을 거쳐 갔으니 지역발전에도 크게 기여하였으리라. 내가 살고 있는 동해시도 해군 제1 함대사령부의 움직임에 따라 지역경제가 들썩들썩함은 익히 알고 있기 때문에 실감이 갔다.

12시 35분 훈련소에 도착하여 차 안에서 김밥으로 점심을 해결하였고 출입이 가능한 이곳저곳을 구경하면서 기념촬영과 휴식을 취했다. 훈련병 한 명을 따라 온 일행이 10여 명도 넘는 모습이 곳곳에 보이며 제대로 걸어 다닐 수조차 없을 정도로 인파가 붐볐다. 이런 모습은 훈련병의 입소식이 이루어질 때마다 볼 수 있겠지만 주차하거나 나무 그늘을 찾아 마음 편하게 충분이 앉을 공간조차 찾기가 쉽지 않았다. 일부 몰지각한 사람들이 불법적인 방법으로 병역을 기피하고, 복무기간을 줄이기 위해 혈안이 되어 있건만 이곳에서 보는 대한민국의 건아(健兒)를 비롯한 모든 사람들의 표정은 밝고 건강했다. 좁은 국토, 적은 국민에도 불구하고 여러 면에서 세계 15위 이내의 경쟁력을 키워가고 있는 대한민국의 미래를 보는 것 같아 내심 기쁘기도 했다. 13시 26분에 입소식이 시작되어 14시 5분에 끝났으며 훈련병 속에 섞여 내무반을 향해 걸어가는 아들의 뒷모습이 보이지 않을 때까지 바라보다가 연병장을 떠났다. 그날 입소하는 훈련병이 2천~3천여 명은 됨직하고 입소식을 축하해주기 위해 참석한 가족과 애인, 친구들 또한 수천 명은 넘어 보였다.

아들의 의젓하고 멋진 군 생활을 기원하며 14시 45분에 훈련소를 출발 호남, 중부, 영동고속도로를 경유하여 여주

Outlet을 구경한 후 동해에 도착하니 20시 20분이었다. 운이 좋아 공무상 해외여행의 기회를 몇 번 가진 적이 있다. 중국의 100분의 1, 미국의 50분의 1밖에 안 되는 좁은 국토지만 우리나라의 도로 사정은 너무 지나치게 좋다는 생각을 늘 하게 된다. 내 눈으로 본 미국도, 러시아도, 유럽도, 중국도, 일본까지도 우리나라의 도로만큼 넓고 깨끗하고, 액세서리도 결코 많지 않음을 느낀다. 이렇게 잘 만들어진 도로 등 사회간접자본 때문에 우리나라의 대외경쟁력이 그렇게 높은 것일 게다. 나는 운전하기를 좋아하지 않는다. 때문에 가족과 같이 여행을 하는 경우에는 아내와 딸이 운전하는 경우가 많다. 이틀간 고생한 아내, 딸과 함께 소주를 곁들여 저녁식사를 마치고 집에 도착하니 22시 10분을 지나고 있었다. 이로써 아들을 군(軍) 입대시키며 계획한 가족여행은 무사하게 끝을 맺었다. 결코 쉽지 않은 일정이었고 수많은 사연을 만들어낸, 어쩌면 영원히 잊지 못할 여정이었다. 아들아! 사나이답고, 의젓하고 멋있는 또 다른 모습을 기대한다.

# 아들의 휴가와 가족여행

    2010년 1월 16일 아들 소룡이가 휴가를 나왔다. 충북대학교에 다니다 입영영장을 받아 휴학을 하고 2008년 5월 19일에 입대하였는데 병장 계급장을 달고 왔다. 아직도 나와 아내의 눈에는 어려 보이지만 제법 의젓하고 남자다운 모습이 풍기는 것을 보니 역시 남자는 군대를 갔다 와야 한다는 군대 예찬론자들의 얘기에 공감하는 마음이 생긴다 원래이 계획대로라면 지난 해 11월에 왔어야 하는데 우리나라를 비롯하여 전 세계를 공포의 도가니로 몰아넣었던 신종플루로 인하여 군부대에서의 외출, 외박, 휴가 등이 전면적으로 통제되었기 때문이다. 그나마 조금 위로가 되는 것은 포상휴가까지 받아와 3일간을 더 같이 지내다 간다는 것이다. 아들의 휴가소식을 받자마자 아내와 딸은 휴가에 맞춰 가족여행지 예약 등 '아들 맞을 준비'로 난리 법석이다. 이런 분위기에 따로 놀았다가는 앞으로 남은 평생 족쇄가 될 것 같다는 생각에 나 또한 무조건 찬성이고 동참할 테니 잘 준비하라고 한마디 거들었다.

2008년 5월 18일 아들이 논산훈련소에 입소하기 하루 전날, 아내와 딸을 포함하여 우리 가족 4명은 칠갑산 자연휴양림에서 하룻밤을 보내었다. 얼마나 많은 비가 내렸는지 통나무집 안에서 삼겹살을 구워 먹으면서 소주와 양주를 마셨는데 나를 비롯하여 가족 모두의 눈에 이슬이 맺히는 것을 서로 확인할 수 있었다. 아들을 군대에 보내는 아버지가 쪽팔리게 가족 앞에서 눈물을 보일 수는 없다고 하면서도 분위기에 젖어드니 아무리 참으려 해도 한 순간만은 도리가 없었음이 기억난다. 특히 내가 '아들을 군에 보내며' 가족들 앞에서 가슴 떨리며 읽은 시 때문이었던 듯하다. 지금 생각해봐도 내 마음을 아들에게 더 진솔하게 표현할 수는 없었을 것이라 생각된다.

아들이 버스터미널에 도착할 시간에 맞추어 아내가 배웅을 나갔는데 오랜만의 만남을 몹시 기대하며 설레는 모습이 역력했다. 아내, 아들과 이마트에서 쇼핑을 한 후 저녁식사는 집에서 삼겹살 구이에 소주를 곁들였다. 여행이 계획되어 있지만 휴가를 축하하는 파티를 조촐하게 열어준 것이다. 나 또한 가끔 먹는 삼겹살이지만 평상시보다 훨씬 더 맛있음을 느꼈다. 저녁식사를 마치자마자 소룡이는 얼마 전에 제대한 친구들을 만난다고 집을 나갔다. 나를 닮은 탓인지 술을 적잖이 좋아하므로 적당히 마시라는 주문은 하지만 따라줄 것이라 기대하지는 않았다. 아니나 다를까 새벽 1시 경에 인사불성이 되어 몸을 가누지 못한 채 친구들에게 이끌려 들어왔다. 이때부터 다음날 아침이 될 때까지 나와 아내는 아들의 음주 뒤처리를 하느라 편안한 잠을 이룰 수가 없었다.

1월 17일은 아침부터 가족여행 갈 준비로 분주했다. 아들은 아침도 거른 채 이부자리에서 일어나지 못했다. 북어해장국을 끓여 통 사정하다시피 해서 강제로 먹여보지만 이내 모두 토하고 만다. 그저 눕고만 싶다지만 고한에 있는 하이원 리조트를 딸이 이미 예약해 놓은 터라 가지 않을 수도 없었다. 짐을 챙겨 11시에 집을 나서는데 보따리가 여섯 개나 되어 트렁크에는 공간이 부족해서 차 안에도 물건을 실었다. 삼척에서 장모님과 처형을 모시고 도계, 태백을 거쳐 고한에서 딸과 합류한 후 목적지에 도착하니 13시다. 예약을 확인하고 콘도 열쇠를 받아 숙소에 도착하니 13시 30분을 지나고 있었다. 리조트는 스키 관광객으로 넘쳐나는 까닭에 차량이 원활하게 소통하는 것도 어렵지만 주차공간을 확보하기도 쉽지 않았다. 강원랜드 본 카지노가 내려다보이는 비교적 높은 곳에 위치하고 있는데 사방으로 보이는 모든 산들은 흰 눈으로 뒤덮여 있었다. 추운 날씨 탓도 있겠지만 코를 통하여 처음 느껴지는 차고 깨끗한 공기는 폐부 깊숙이 시원함과 후련함을 느끼게 해주었다. 우리가 3일간 묵을 숙소는 마운틴콘도의 디럭스룸인데 하루 이용료는 36만 3천 원으로 조금 비싸게 여겨지지만 시설은 고급스럽고 깨끗하게 느껴졌다.

점심때가 지났으므로 나와 아내는 부지런히 점심 준비를 했다. 집을 떠나면 밖에서는 왠지 모르게 남자들이 음식을 장만하고 설거지를 하는 것이 좋겠다 싶어 많이 거드는 편이기 때문에 전혀 어색하지는 않았다. 메뉴는 동해산 대게와 오징어회 및 한치회였다. 준비가 다 되었는데도 숙소에 들어오자마자 침대에 드러누운 아들은 일어날 생각을 하지 않았다. 1년 내내 바다가 보이는 아파트에서 살다가 첩첩산중에 들어와 조용한 분위기에서 아직까지 온기가 남아 있는 대게와 차가운 회를 먹는 맛은 일품이었다. 아마도 때가 많이 지나 시장기를 한창 느끼는 시간이었다는 점도 작용했을 것이다. 식사가 끝난 뒤의 설거지는 당연히 내 차지라 여기는지 모두 손을 놓고 있었다. 오후에는 가족 전체가 마땅히 할 일이 없으므로 4천만의 오락인 사교와 친목 고스톱으로 시간을 보냈다. 한참을 자고 일어난 아들과 딸이 스키장으로 나가 이후에도 오락과 간단한 술자리가 계속 이어졌다. 저녁 메뉴는 월남쌈밥인데 흔히 맛볼 수 없는 요리지만 모두 맛있게 식사했다. 오랜만에 여러 가족이 한 자리에 모인 탓에 이전 저런 얘기를 나누며 술자리는 밤늦게까지 이어졌고 상당히 늦은 시간에 잠자리에 들면서 하이원에서의 첫날밤이 저물어갔다.

1월 18일 아침 일찍 눈을 떴는데 모두 곤히 잠들어 있었다. 전날의 숙취도 깨울 겸 자리에서 일어나 콘도 주변을 발길이 닿는 대로 한 바퀴 돌며 산책을 했다. 맑고 상쾌한 공기와 기분이 즐거운 탓인지 머리와 속의 상태가 그리 나쁘지 않음을 느꼈다. 아직은 이른 시간인지 관광객들의 발걸음이나 스키 타는 모습은 보이지 않았다. 숙소에 도착해서 잠을 깨우고 아침식사 준비를 거들었다. 아침은 대구지리탕으로 숙취를 해결하였고 점심은 과메기, 저녁은 등심과 삼겹살 구이로 입맛을 돋우었다. 딸과 아들은 스키를 타고, 장모님과 처형 및 아내는 산책 등으로 시간을 보내었고, 나는 숙소 정리와 인터넷 검색 그리고 독서 등으로 시간을 보냈다. 스키를 타볼까도 생각하였지만 지난 해 11월에 부러진 왼팔의 치료가 끝나지 않은 상태에서 다시 다치기라도 하면 개망신을 당할까 싶어 깨끗하게 포기를 한 것이다. 마냥 숙소에서 조용히 쉬면서 내가 하고 싶은 짓을 할 테니 가만 내버려두라고 정중하게 부탁하였고 가족 모두가 따라준 것이 그저 고마울 뿐이다. 첫 날에 이어 오늘도 비교적 안주가 좋았는데 모두 술을 조금씩 하기 때문에 밤이 되자 술자리는 계속 이어졌다. 특히 오늘은 아내의 생일이었으므로 리조트를 나가 한우전문집에서 저녁식사를 계획하였으나 아내가 싫다고 하여 숙소에서 생일파티를 겸하였으므로 분위기가 한껏 고조되었음은 두말할 필요가 없다.

1월 19일 새벽 5시도 되지 않아 눈을 떴다. 어제보다 더 빨리 일어난 까닭에 최대한 조용하게 움직여서 숙소를 나갔다. 1시간 이상을 이곳저곳 돌아다니다가 돌아왔는데 아직 모두 잠들어 있고 나도 다소 피곤함을 느껴 잠을 청했다. 소란스런 소리에 잠을 깼다. 어른들은 11시에 숙소를 떠나고, 딸과 아들은 하루 더 숙박을 한 후 귀가하기로 되어 있기 때문에 남은 음식들로 아침식사를 서둘러 했다. 아침식사를 마친 후 모두 운동과 산책을 하라고 밖으로 내보낸 후 설거지를 하고 짐을 챙겼다. 준비해온 음식이 상당히 많았는데도 3일간 여섯 끼니를 빠뜨리지 않고 챙겨 먹은 탓인지 부피가 많이 줄었다. 정리가 끝나갈 시간에 맞춰 가족들이 돌아왔으며 딸과 아들을 남겨놓고, 더 머물며 여유롭게 쉬고 싶은 마음도 내려놓으며 11시에 리조트를 떠났다.

태백, 도계를 거쳐 삼척에 장모님과 처형을 모셔드리고 집으로 귀가하니 13시를 막 넘어서고 있었으며 남아서 가지고 온 짐을 정리함으로써 3일간의 가족여행이 마무리되었다. 아들의 휴가 때에 맞춰 다녀온 가족여행은 모두에게 두디운 사랑과 정을 더 깊이 쌓아가는 소중한 시간이었다. 연령과 성별, 스키의 선호도와 여타 사정 때문에 한 가지의 겨울 스포츠도 같이 하지 못한 아쉬운 점도 있었지만 서로가 이해

하고 양보하며 유익하고 알차게 보냈다. 그리 멀지 않은 곳에 카지노가 있는데도 불구하고 가지 못한 것은 정말 아쉬웠는데 회사 직원의 가족들은 게임을 할 수 없도록 제한하고 있기 때문에 애당초에 포기해 버렸다. 하지만 다음에 다시 찾아오는 기회가 있다면 술자리와 불건전한 오락으로 낭비하는 시간은 최대한 줄이고, 보다 더 건전하고 의미 있는 시간을 보낼 수 있도록 애써야 하겠음을 확실하게 느낀다.

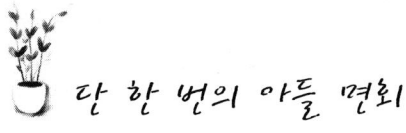
단 한 번의 아들 면회

2010년도 설 다음날인 2월 15일 포천 이동에서 육군 병장으로 복무하고 있는 아들 면회를 다녀왔다. '1월 16일부터 28일까지 휴가를 다녀갔으며 4월 초에는 제대를 앞두고 있기에 굳이 면회 갈 필요가 있느냐', '설을 쇤 다음날이기 때문에 교통도 복잡하고 폭설이 내려 도로사정도 좋지 않을 것이기 때문에 가급적 가지 말자'고 설득하였건만 엄마와 누나의 마음이 나와 같지 않은 까닭에 조금 무리하게 강행한 것이다.

소룡이는 2008년 5월 19일에 입대하였다. 논산훈련소에 입소할 때 가족이 모두 동행하였고, 훈련소 출소를 앞두고는 아내와 내가 면회 가서 외박을 한 번 한 적이 있다. 그동안 아내와 딸은 부대로 몇 번 면회 갔지만 나는 시간이 여의치 않아 동행하지 못하였고 이로 인해 아내와 아들로부터 적잖이 핀잔을 들은 적이 있기 때문에 이번에는 만사를 제쳐놓고 같이 갈 수밖에 달리 선택의 여지가 없었다.

설을 맞이하는 서민 가정의 모습은 거의가 비슷할 것이다. 우리 가정도 간단한 예배를 마친 뒤 장모님께 세배를 하러 갔다. 처가댁 식구들과 식사하며 술 마시고 고스톱을 치다가 어지간히 취해서 오후 늦은 시간에 귀가했다. 한 잠 자다 전화벨 소리에 잠을 깨니 평소 친하게 지내는 형님이 술 한잔 하자고 했다. 새해인사도 나눌 겸 만나기로 하고 다른 두 분에게 더 연락을 해서 네 명이 술판을 꾸몄다. 어울려서 이곳 저곳을 다니다 귀가하니 새로 한 시가 넘고 있었다.

2월 15일 새벽 5시에 아내의 출타 준비 소리에 잠이 깼다. 세면하고 짐 싸는 것을 거드는데 머리는 어지럽고 정신은 몽롱하지만 운전은 아내와 딸이 하기로 했으므로 크게 걱정할 것은 없었다. 먼 거리 가는 운전대를 여성들에게 맡기자니 남자로서의 체면도 구겨지고 말은 아니지만 음주운전을 할 수는 없는 일이므로 핑계거리가 잘 생긴 것이다. 아들 먹일 음식을 간단히 준비하여 06시에 딸의 승용차로 출발을 했다. 내가 부족한 잠을 더 자기 위하여 뒷좌석을 몽땅 차지했고, 운전대는 아내가 먼저 잡기로 했으며 딸은 조수석에 앉았다. 며칠 동안 계속 내리던 눈은 그쳤고, 이틀간은 날씨가 매우 좋았기 때문에 제설작업이 잘 이루어져 도로 사정은 그런대로 괜찮았다.

아내가 깨우는 소리에 일어나니 횡성(소사)휴게소였다. 화장실에 들른 뒤에 삼선짬뽕과 우동으로 아침식사를 하고 잠깐 쉬었다. 이제부터는 딸이 운전대를 잡고 횡성, 홍천을 지나 춘천휴게소에서 휴식을 했다. 춘천 시내를 지나 포천시 관내에 들어선 지 1시간 정도 지나 11시경에 이동에 소재하고 있는 부대 앞 주차장에 도착하니 벌써 면회 온 듯한 승용차가 2대 서 있었다. 면회 신청을 마치고 20분 정도 지났을까 부하 장병 3명과 함께 면회소로 오는 아들의 모습이 보였다. 휴가 나온 지 보름밖에 안 된 탓인지 크게 반가워하지도 않았다. 준비해간 음식을 풀어 부대원들에게 차려주니 맛있게 잘 먹고 아들도 옆에서 조금씩 거든다. 먹는 모습을 보니 뭔가 부족해서 미안하다 싶고, 좀 더 많은 음식에 소주라도 한 병 숨겨가지고 왔으면 하는 생각이 들었다.

12시경에 부대를 나와 아들이 안내해주는 '원조 이동 김미자 할머니 갈비'집을 찾아 들어갔다. 식당은 매우 넓고 설 다음 날임에도 불구하고 손님이 많았다. 서빙하는 직원의 말에 따르면 사장이 방송에도 출연했고, 포천에서 가장 유명한 집이라고 자랑한다. 포천을 스쳐지나간 적은 있어도 이곳에서 포천 이동갈비를 맛보긴 처음이다. 양념갈비(24,000원/400g) 3인분과 생갈비(24,000원/300g) 1인분, 공기밥과 된장찌개(2,000원), 냉면(5,000원) 등을 시켜 먹었다. 지방 특산품인 이동막걸리와 소주를 주문해서 설맞이 면회기념 건배를 한 후 아낌없이 먹고 나오면서 계산하니 금액이 제법 되었다. 우리가 식사할 때도 여러 손님들이 바뀌었는데 들어갈 때 비어 있던 몇 자리는 가득 찼으며 너무 소란스럽게까지 느껴졌다.

14시가 되어 갈 무렵 식당을 나와 아들과의 귀대 시간까지 구경할 겸해서 산정호수로 향했다. 꽤 유명세를 타는 곳이고 아름답다는 얘기는 들어보았지만 가족이 함께 가보는 것은 처음인데 30여 분 정도 걸린 것 같다. 포천시 영북면 산정리에 위치하며 '산중에 묻혀 있는 우물 같은 호수'라 하여 붙여진 이름이라고 한다. 명성산과 관음산을 병풍처럼 두르고 있어 경관이 뛰어나며 봄부터 가을까지는 보트와 수상스키 등을 즐기고, 겨울에는 얼음 썰매장으로 사계절 관광지이다. 수도권과 가깝고 주변에 유명한 볼거리와 즐길 거리가 많은데 특히 산정호수를 한 바퀴 돌며 산책할 수 있는 자연 산책로를 자랑거리로 내세우고 있다. 주차장과 호수 진입도로 등은 차량과 인파로 붐볐다. 호수는 얼어 눈썰매를 타려는 사람들로 장사진을 이루고 있는데 차라리 얼지 않은 맑고 푸른 물이 보기에는 더 좋을 듯싶었다. 30여 분 정도 목적지도 없이 이곳저곳 구경하다가 1988년 포천시 신북면 삼정리에 개장한 '허브 아일랜드'로 향했다.

포천에서 철원까지의 거리가 멀지 않으므로 철원에 거주하는 친구에게 전화를 걸어 '설' 안부를 묻고 얼굴이나 보자고 하니 반가워했다. 만나기로 약속을 하고 30여 분 정도 걸려 허브 아일랜드에 도착했는데 1인당 3천 원의 입장료를 받았다. 출입구부터 차가 밀리기 시작하는데 내부 도로와 드넓은 주차장은 구경 온 관광객들로 많이 붐볐다. 이곳은 이탈리아 물의 도시 베네치아, 프랑스 농가를 재현한 만들기 체험장, 국내 최대 규모의 허브실내식물원, 야외정원, 허브생활박물관, 허브레스토랑과 갈비집, 허브상점 등의 다양한 시설물로 조성되어 있다. 연중무휴로 운영되고 1년 내내 지중해의 허브를 볼 수 있으며 오감체험을 통해 몸과 마음의 휴식을 즐길 수 있다고 자랑한다. 허브실내박물관, 생활박물관, 상점 등을 돌아보았는데 드나드는 인파로 어깨가 서로 부딪치는 등 한쪽으로 비켜서 양보해야 다닐 정도로 붐빈다. 아내는 친구 집 방문 선물로 허브 와인(30,000원)을 구입하였고, 내 성화에 못 이겨 17시경에 허브 공원을 나서는데 떠나는 것을 몹시 아쉬워했다. 집에서 우리 가족을 기다리는 친구로부터는 전화가 계속 빗발치고 내 마음도 덩달아 바빠지므로 어쩔 수 없는 일이었다.

아직까지도 운전대는 계속 아내가 잡았다. 힘들면 내게 넘기라고 하지만 점심 때 아들과 술을 한잔 했기 때문에 빈소리임을 알기 때문이다. 20여 분 지나 철원군청에 도착하니 친구가 나와서 기다리다가 반갑게 맞이해주었다. 간단히 인사를 나눈 후 우리 차를 이용, 2~3분 정도의 거리에 있는 친구 집에 도착하니 친구 아내도 환하고 정겨운 얼굴로 맞이해주었다. 집을 두루 구경하고 차 한 잔 마시며 얘기를 나누다가 친구의 안내로 저녁식사를 하러 갔다. 소룡이의 귀대 시간에 맞춰 부대까지 데려다 주어야 하기 때문에 초나 분 단위로 시간을 쪼갤 수밖에 없기 때문이다.

철원 한우가 맛있다는 것을 알기 때문에 대접하겠다고 안내를 부탁하니 연휴인 까닭에 고기 작업을 하지 않아 질이 떨어진다고 했다. 잠시 후 '능이 오리 백숙' 집에 도착하니 벌써 주문해서 음식상이 차려져 있었다. 몸 생각해서 술을 하지 않는 친구이지만 오랜만에 만난 까닭에 서로 잔을 주고받으며 밀린 얘기를 나누었다. 처음 맛보는 음식이지만 능이버섯이 희귀한 탓인지 이름에 걸맞게 제법 비싸고(45,000원/마리) 맛있었다. '1능이, 2송이, 3표고'라고 하였던가? 식사를 어느 정도 하다가 어른들끼리 정담을 나누라며 정해진 외출시간이 끝나갈 즈음에 딸이 운전해서 아들을 귀대시켰다. 덕분에 우리는 한 시간 정도의 시간을 더 벌었고 지난 얘기들을 많이 나누었다. 한 마리면 4명은 충분히 먹을 양이 되겠는데 두 마리를 시켜먹다가 많은 양을 남겨 놓고 나올 때는 아주 아깝다는 생각이 들었다.

이제는 동해로 귀가할 큰일이 남았으므로 20시경에 친구와 작별하며 다시 만날 것을 기약하고 철원을 떠났다. 운전대를 다시 아내가 잡는데 그저 미안할 따름이지만 선택의 여지가 없는 일이었다. 철원을 벗어나 산정호수를 거친 후 춘천을 향해 가는데 길이 몹시 구불구불하지만 통행하는 차량은 많지 않아 그나마 다행이다 싶었다. 춘천휴게소에서 잠깐 쉰 후 홍천으로 향하는데 동해시에서는 또 눈이 내린다고 했다. 계속 갈 것인지를 의논하다 아내가 몹시 피곤할 것 같아 홍천에서 자고 가자고 하니 내일 날씨가 어떻게 될지 예측할 수 없으므로 계속 운전하겠다고 했다. 좀 더 만류하다가 안전하게 운전할 것을 주문하고 휴게소에서 자주 쉬기로 했다. 횡성휴게소, 평창휴게소를 지나 대관령이 가까워지니 눈이 더 많이 내리고 도로에는 새로 쌓인 눈의 양도 제법 되지만 천천히 안전하게 운전을 잘했다. 설 연휴의 마지막 날에 눈이 계속 내리고 늦은 시간 때문인지 동해고속도로를 운행하는 차량은 별로 보이지 않았다. 동해톨게이트를 통과한 후 천곡 시내를 무사히 지나 집에 도착하니 새벽 1시 30분을 지나고 있었다.

20시간의 멀고 긴 강행군이 드디어 끝났다. 오랜 시간 동안 운전대를 전혀 잡지 않은 채 뒷좌석에서 졸다가 자면서 보낸 몸이지만 천근만근처럼 느껴진다. 허리는 끊어질 듯 아프고 팔과 다리에도 알이 배었다. 운전대를 오래 잡은 아내와 딸에게 '수고했다', '고맙다'는 말밖에는 해줄 것이 없었다. 아내와 딸과 아들이 만든 계획에 따라 뜻밖의 시간을 내주기는 했지만 우리 가족에게는 영원히 잊지 못할 새로운

추억을 쌓은 하루였다. 이로 인해 가족 간의 사랑과 끈끈한
정을 더 돈독히 하는 계기가 되었을 것이라 생각하니 몸은
힘들고 피곤했지만 기분 좋은 여행이었다.

베트남 하롱베이, 캄보디아 앙코르와트 여행기

## 🌿 2011. 1. 6(목). 맑음 [첫째 날] 🌿

친구 및 가족 모임인 오우회(吾友會)에서 동남아 여행을 가기로 계획한 지 10여 년 만에 베트남과 캄보디아로 여행을 떠나는 날이다. 내가 총무(회장은 없음)를 맡던 시기에 제안하여 쉽지 않지만 추진해보자는 데 의견을 같이 했고, 마침내 그 꿈이 이루어진 것이다. 당초에는 일곱 부부와 자녀들을 포함하여 15명 정도로 구성하려고 하였다. 그러나 회원들의 사정상 두 부부가 빠져 어른 9명과 자녀 5명으로 여행단이 구성되었다. 우리 부부와 소룡이, 대선 부부, 필수와 딸 소현이, 호남 부부와 수지·예지·성혁이, 원근 부부 등이다. 계획과는 다소 변경되어 조금 아쉬웠지만 과반수의 의견에 따라 이루어진 것이다. 동남아로 정한 뒤 구체적인 여행지는 인터넷상의 여행상품 7가지를 후보지로 꼽았고 참여하는 회원의 의견을 들어 선정하였다. 여행사는 우리가 거주하고 있는 동해시의 여행사와 계약하려고 하였으나 1인당 경비(10만 원 저렴)와 가이드 제공 조건이 유리한 춘천시 소재 '모두투어'로 결정하였다.

이번 여행이 나로서는 9번째 해외여행이다. 공무로서 6번을 했고 개인적으로는 3번째이다. 그동안 다녀온 것을 더듬어 보면 2003년에 첫 번째 공무국외 여행으로, 2014 평창동계올림픽 유치 서포터즈의 일원으로 스위스와 스페인을 다녀왔다. 2004년에는 장기교육 과정의 일부로서 스위스(경유), 헝가리, 체코슬로바키아, 덴마크, 노르웨이, 네덜란드, 핀란드, 러시아를 여행했다. 2005년에는 겨울연가 촬영지 사진전시회로 일본을, 해수욕장 견학 목적으로 미국을 여행했다. 2007년에는 국제자매도시 교류차 러시아를 다녀왔다. 2008년에는 첫 개인여행으로 보스톤마라톤대회에 참가하며 미국과 캐나다를 여행했다. 2010년에는 두 번째 개인 여행으로 대련마라톤대회 참가차 중국, 공무로 사카이미나토 국제역전마라톤대회 참가차 일본을 다녀왔다. 생각해보면 업무상으로도 해외여행의 운이 좋았지만, 개인적으로도 여행에 들어가는 돈은 별로 아끼지 않고 일을 저지른 것 같다. 그동안 여행에 들어간 경비도 적지 않지만 여건이 되면 갈 것이고, 스스로도 개인 여행의 기회를 만들어나갈 계획이다.

아들 소룡이는 23세를 맞는 해에 처음으로 해외여행을 가는 것이다. 여행단 인원이 부족하므로 아르바이트를 해서 번 수입으로 동남아에 갈 의향을 물었더니 같이 가겠다고 했다. 제 대학교 등록금을 마련하겠다고 심야에 아르바이트를 하여 어렵게 번 돈으로 우리 팀의 부담을 덜어주니 고맙기도 하지만 기특한 생각이 든다. 아마도 노동의 대가로 적지 않은 비용을 들여 첫 해외여행을 하는 만큼 큰 경험이 됨은 물론, 앞으로의 미래를 만들어 가는 과정에서도 큰 도움이 될 것이라 생각한다.

8시부터 여행갈 짐을 챙겼다. 이곳은 겨울, 가는 곳은 무더운 나라인 까닭에 짐이 늘어날 수밖에 없지만 최대한 부피를 줄여 하드 백 한 개와 배낭 두 개로 만들었다. 여행은 계획 세우고 준비할 때가 더 기다려지고 기분 좋은 것 같다. 짐을 쌀 때는 꼼꼼히 챙긴다고 하지만 늘 무엇인가 빠진 것 같은 기분이다. 오늘 아침에도 그렇다. 짐을 모두 챙겨 승용차에 싣고 집합장소로 향하는 도중에 여권과 달러가 든 가방을 두고 온 것을 발견한 것이다. 시간 여유가 약간 있어 다행스러웠지만 버스 출발시간이나 동해를 떠난 뒤에 발견했다면 이번 여행은 시작부터 엉망이 되어버렸을 것이다.

10시 25분에 동해웰빙스포츠타운에 대기 중인 모두투어 관광버스(45인승)에 도착하니 우리 가족이 가장 늦었다. 참석자 확인 후 짐을 싣고 인천공항을 향해 떠났다. 사람 수는 많지 않아도 여행할 때는 대형 버스를 이용하는 것이 편하다. 중형 버스도 가능하지만 배려해준 여행사의 고객지향적 마인드가 느껴졌다. 친구 부부와 가족 등 수십 년을 접촉하며 마음 맞춰온 사람들끼리 하는 첫 해외여행이라 모두가 즐겁고 밝으며 들뜬 모습이었다. 비교적 자주 여행한 나도 동남아는 처음 가보는 것이므로 무척 기대가 되는데 당연한 일일 것이다. 여주휴게소에서 잠깐 휴식시간을 가진 뒤, 덕평휴게소에서 보양설렁탕, 비빔밥, 돈가스 등으로 점심식사를 했다. 선잠이 깨어 보니 인천대교 위를 지나가고 있었다. 길이가 총연장 21.38km(교량 18.35km)로서 사장교 형식으로는 세계에서 5번째라고 한다. 바다 한 가운데 건설된 인천대교의 위용은 멀리서 차창으로 바라보아도 그저 놀랍기만 하고, 불가사의하게까지 느껴졌다. 공항으로 향하는 도로변으로는 며칠 전에 내렸음직한 눈이 바다와 조화를 이뤄 주변 경관이 무척 아름답고 인천공항 청사의 지붕과 공항 주변에도 눈이 쌓여 겨울의 운치를 더해주고 있었다.

14시 40분에 인천공항에 도착했다. 나와 아내는 겨울외투를 여행사에 맡기고 가벼운 옷차림으로 바꿔 입었다. 1~2년에 한 번씩밖에 들르지 못하지만 공항 안은 늘 깨끗하고 아름답게 느껴진다. 로비는 공항을 이용하는 다양한 승객들의 모습이 너무도 바쁘다. 개항한 지 10년밖에 되지 않았는데 6년 연속 세계 1위로 평가 받았다는 우수성과 생동력, 그리고 변화하고자 부지런히 움직이는 모습이 느껴졌다. 대합실에서 1시간 정도 대기하다 아들에게 경험 삼아 수하물 탁송을 맡기고, 보안검색과 통관 등 출국수속을 마쳤다. 베트남 항공은 115번 게이트로서 셔틀열차로 이동하는데 인천공항의 규모를 실감하게 한다.

17시 35분에 베트남항공 935편에 탑승했다. 양해를 구하고 자리를 바꿔 아내 및 아들과 나란히 자리를 잡았다. 첫 해외여행을 하는 장성한 아들에게는 모든 것이 새로운 까닭인지 많이 궁금해 하고 답하는 나도 바빴다. 아들이 이 나이 되도록 이런 기회 한 번 만들어 주지 못한 것이 많이 미안스럽기도 하고 한심한 생각이 들었다. 18시 40분경에 저녁식사 기내식이 나오는데 차림표를 주면서 2가지 중에서 선택하라고 한다. 수십 차례의 기내식을 맛보았지만 승객에게 선택의 기회까지 주는 경우는 처음인 것 같다. 우리 가족은 두 종류를 모두 시켜 맛을 보기로 했다. 훈제연어와 엔젤 퍼스트, 소고기 굴라시와 백반, 매운 소스를 곁들인 넙치요리와 백반, 롤 버터, 초콜릿 무스 요리인데 매우 맛있게 먹었다. 음료와 주류는 10여 종이 제공되며 위스키와 와인 한 잔씩을 마셨는데 소주 맛보다는 익숙하지 않지만 그런대로 마실만했다.

하노이는 한국과 두 시간의 시차가 나는데 20시 40분에 하노이의 야경이 멀리서 보이기 시작했다. 20시 50분에 도착하여 21시 40분까지 베트남 입국심사를 마치는데 묻는 말 하나 없이 너무 간편하고 통관절차는 아예 없었다. 다만 수하물을 찾는 데 있어 내국인을 우선하고 외국인을 뒤로 하는 바람에 시간이 너무 지연된 것 같아 모두가 짜증스러워했다. 베트남은 사회주의공화국으로서 우리나라와 1992년 12월 22일에 수교가 이루어졌다. 수도는 하노이이고, 인구는 8,200만 명이며 면적은 331천㎢(한반도의 1.5배)이다. 기후는 아열대성(열대성)이고, 베트남인이 88%를 차지하지만 60여 개의 소수민족이 있으며, 공용어인 베트남어 외에 영어와 불어가 통용되고 대부분이 불교(80%)를 믿는다. 또한 하노이는 지난해에 정식으로 수도가 된 지 1,000년이나 되는 역사 깊은 도시로서 3,344㎢의 면적에 인구는 623만 명이다.

현지가이드를 만나 45인승 버스에 탑승하여 하롱베이로 이동하는 데 3시간 50분이 소요되었다. 가이드는 3명으로서 조장은 해외 거주 19년 경력의 한국 교포이고 2명의 베트남인이 보조했다. 5시간 동안의 항공기 탑승으로 지쳐 있고, 또다시 4시간 정도를 이동해야 하므로 버스 안에서 준비해 간 소주로 여독을 푸는데 술맛이 꿀맛이었다. 2홉들이 7병을 비우니 숙소인 Muong Thanh 호텔에 도착했다. 오우회의 첫 해외여행, 베트남 입국 기념으로 조촐한 파티를 하고 우리 부부방인 502호로 돌아오니 3시를 넘어서고 있었다. 이리하여 역사적인 동남아여행의 첫날밤을 맞았다.

## 🪶 2011. 11. 7(금). 흐림 [둘째 날] 🪶

06시 50분에 일어났다. 새벽 늦게까지 술을 마셨는데도 기분 탓인지, 공기 탓인지 머리가 맑았다. 호텔은 신축한 건물로서 내부시설이 깔끔하고 편리하게 느껴졌다. 08시에 호텔식당에서 조식을 했다. 50여 가지 이상의 뷔페 음식인데 10가지 정도만 먹어도 배가 불렀다. 특히 쌀국수는 담백하고 부드럽게 느껴졌다. 09시에 호텔 밖으로 나오니 오토바이를 타고 온 여성 잡상인들이 팔찌와 목걸이를 서로 팔려고 호객행위가 대단하지만 귀찮게는 하지 않았다.

09시 20분에 하롱베이항에 도착하여 바로 정박 중인 목선에 탑승했다. 2층인데 우리 일행이 전세를 내었다고 한다. 100명 정도가 이용해도 넉넉할 것 같은데 너무 호사하는 게 아닌가 하는 생각이 들었다. 어제 가이드가 안내했던 한국 여행단은 강풍으로 인하여 유람선을 이용하지 못했다고 한다. 하롱베이(Ha long bay)는 1994년 UNESCO에서 세계자연유산으로 지정한 곳으로서 철선은 운행이 제한되어 목선만 운행되는데 수백 척이나 되며 매우 이채롭고 아름답다. 우리가 이용하는 배는 한화로 2어 5천만 원 징도 된다고 했다. 노래방기기가 준비되어 있고, 조용필 씨 노래 등 한국노래가 흥겹게 들려왔다. 하롱베이는 베트남에서 가장 아름다운

하롱베이 선창에서 가족 　　　 하롱베이 　　　 하롱베이 목선

국립공원으로 전체면적 중 1,533㎢를 차지한다. 3천여 개의 섬이 겹겹이 병풍처럼 둘러싸고 물결은 호수같이 잔잔하다.

　10시경에 선상 수산시장에 도착하여 점심식사로 예약한 씨푸드의 재료와 다금바리를 구입했다. 수산시장은 바지선에 어선을 정박해 놓고 배 수족관에 해산물을 진열하여 파는 곳이다. 규모는 크지 않지만 여러 종류의 해산물과 흥정하는 사람들의 모습이 보인다. 씨푸드(20$/1인)는 게, 새우, 조개, 갑오징어, 뻘가재의 종합 해산물 요리로 식사로서는 충분하지만 술안주 하기 위해 귀하고 값도 비싸다는 다금바리 7kg(30$/1kg)을 추가로 주문한 것이나. 1, 2층을 오르내리며 기념 촬영하는 사이에 가이드가 직접 배에서 요리를 했다. 11시도 되기 전에 선실에는 보기에도 좋고 먹음직스러운 해산물 요리상이 마련되었다. 준비해간 소주와 배에서 구입한 현지 술로 가이드, 선원들과 함께 권하거니 받거니 하면서 해상 유람을 즐겼다. 창밖으로 보이는 하롱베이와 기기묘묘한 섬들은 그림으로 표현할 수도 없을 정도로 아름다워 그저

하롱베이        티톱섬에서 본 하롱베이        티톱섬에서 본 하롱베이

감탄의 소리만 나왔다. 시간이 지날수록, 이곳저곳을 보면 볼수록 이런 아름다운 관광명소가 우리나라에도 하나 더 있었으면 하는 부러운 마음이 생겼다.

11시 40분에 티톱(Titop)섬에 도착하여 12시 30분까지 섬을 두루 살펴보았다. 해발 100m 안팎의 정상으로 오르는 길은 오가는 관광객들로 어깨가 부딪쳐 교행이 어려웠다. 보이는 식물, 암석들은 우리나라의 것들과 달라 모두가 특이하게 느껴졌다. 높이 오를수록 섬에서 바라보는 하롱베이의 풍경은 더욱 아름답고 모양을 달리한다. 이국적인 풍경을 카메라에 담기 위해 연달아 셔터를 눌러댔다. 출발 시에 현지가이드의 안내가 있었지만, 날씨가 맑지 못한 것이 너무 안타깝다. 파란 하늘 아래서 맑은 바다가 그 빛을 지녔다면 몇 배는 더 아름다웠을 것이라 짐작된다. 정상에 설치된 좁은 정자에는 관광객이 너무 많아 사진 한 판 찍기 위해서는 긴 줄을 서야 하고, 우리 뒤로 계속 올라오는 분들을 위해 급히 자리를 비워줘야 했다. 경치와 전망이 조금만 괜찮다 싶으면

티톱섬에서 가족과          티톱섬에서 일행과          티톱섬 정상에서 아내와

자리를 잡아 촬영해주거나 촬영 요청을 한다. 스쳐 지나가는 수많은 관광객 중 서양인은 얼마 보이지 않고 한국, 중국, 일본인 등의 모습이 대부분인 것 같았다. 가이드의 설명에 따르면 연간 베트남을 찾는 한국 관광객은 세계 4위 수준이라고 한다.

13시 40분 다시 우리가 빌린 목선에 올라 진수성찬으로 차려진 오찬을 겸하여 계속 술을 마셨다. 아름다운 바다 풍경, 분위기 있는 목재 유람선, 맛있는 선상 오찬, 흥겨운 음주 가무 등 이렇게 멋진 장소에서, 사랑하는 가족 및 친구들과 함께 타인의 간섭 없이 사유롭고 총겹게 시간을 보내기는 처음인 것 같았다. 술을 마시는 중에 배 안팎으로 수시로 드나들었는데 아무런 사고 없이 선상여행을 잘 끝낸 것이 그저 다행스럽고 고마울 뿐이다. 4시간 30분 동안 비행기를 타고 날아 온 먼 이국땅, 그것도 40여 년 전부터 10여 년간 적으로서 총칼을 맞대고 싸우던 나라의 유람선 안에서 우리나라의 노래를 마음껏 부를 수 있다니 얼마나 놀라운 일인가? 우리의 국력이 그만큼 커졌고, 우리 국민의 소득과 생활 수준이 비약적으로 높아졌음을 실감하게 되는 순간이었다. 한국인으로 태어나 한국 사람으로 살고 있음에 왠지 모르게 자긍심이 느껴졌다.

40여 분간의 선상 유람을 마친 후 천궁동굴 및 메꿍의 관광이 이어졌다. 천궁동굴은 석회석 동굴로 하롱시 부두에서 남서쪽 4Km 떨어진 곳에 자리 잡고 있으며 하롱만에서 가장 아름다운 동굴로 손꼽히고 있는 곳이다. 천궁동굴이 있는 섬은 왕관이 2개의 동굴을 품고 있는 모습의 작은 섬들로 이루어져 있다. 좁은 동굴 입구와는 달리 내부는 웅장하며 길이는 130m에 이른다. 커튼형 등 여러 종유석, 동굴에서 동굴 밖으로 흐르는 물줄기, 간간히 외부에서 들어오는 햇빛과 잘 꾸며진 내부 조명으로 동굴의 환상적인 자태를 볼 수 있다. 하롱베이 관광을 마치고 15시에 선착장에 다시 도착했다.

버스를 타고 '노니'라는 상품을 쇼핑하기 위해 Bien Kank 쇼핑센터로 이동했다. '노니'는 크기가 감자와 비슷한 열매로

메꿍에서 일행과

선상 수산시장에서

목선에서 아들과

서 질병의 치료와 회복, 건강 증진을 위해서 약용식물로 사용해왔으며 많은 질병에 탁월한 효능을 보여 '신이 주신 선물'로 불리며 우리나라의 인삼으로 생각하면 된다고 한다. 센터 직원인 한국 교포가 너무 장황하게 설명을 하므로 나는 그만 자리에서 나와 버스에 탑승하고 말았다. 외국이나 국내여행을 하는 과정에서 그 나라, 지역의 특산물 구입이 필요한 경우도 있다. 하지만 거의 의무적으로 이루어지는 쇼핑이 내게는 상당히 부담스럽게 느껴지고, 우리 일행도 같은 마음인 것 같았다. 결국 우리 일행은 이곳에서 아무것도 사지 않았으며 서로 아까운 시간만 허비한 꼴이 되고 말았다.

15시 40분, 버스를 타고 발 마사지 업소인 'So 2'로 이동했다. 지난해 중국여행을 하며 발과 전신 마사지를 받아본 데 이어 세 번째이다. 1인당 20$로서 한 시간 정도 소요되었는데 남자 손님은 여성이, 여자 손님은 남성이 마사지를 해주고, 서비스로 등까지 만져주니 전신마사지나 큰 차이가 없는 것 같다. 아침부터 계속 걸어 다니다 멈추어서 보고, 씩으며 피곤에 지친 다리와 몸을 가장 편안한 자세로 마사지 받으니 깜박 잠이 들 정도로 피로가 풀리고 기분은 가뿐했다.

17시 10분에 마사지를 끝내고 숙소에 도착하니 17시 15분이었다. 저녁식사 시간까지는 여유가 있으므로 몸을 씻은 후 술과 무리한 여정으로 지친 몸을 쉬었다. 마침 오늘은 아내의 생일이므로 우리 가족끼리만 조용하게 파티를 하기 위해 현지 가이드에게 케이크와 샴페인을 부탁했다. 소룡이는 아빠와 엄마 생일을 한꺼번에 챙긴다며 구입비용을 제가 댄다고 했다. 그러나 케이크를 우리 방으로 배달하는 과정에서 일행의 눈에 띄었고, 원근이의 방에서 모두가 모여 생일파티를 하며 조촐한 술판이 또 벌어졌다. 당초의 일정을 바꾸는 과정에서 우연하게 생일이 맞아떨어졌지만 우리 가족이나 아내로서는 평생 잊지 못할 해외에서의 생일파티가 되었다. 아들은 나와 아내에게 생일선물로 장갑 한 컬레씩을 전달하는 센스도 보여주었는데 겉으로는 크게 내색하지 않았지만 제법 의젓하게 자랐다는 생각이 들었다.

18시 30분 저녁식사를 하기 위해 교포가 운영하는 식당으로 이동했다. 메뉴는 오모가리찜인데 한국에서 먹는 음식이나 크게 차이가 없었다. 가져간 소주와 현지 술로 반주를 겸해서 2시간 남짓 식사를 했다. 내 입에도 맛있지만 모두가 만족해하는 눈치였다. 20시 20분에 식사를 마치고 특산품 쇼핑센터로 이동했다. 다른 일행은 모두 쇼핑센터로 들어갔지만 나는 술도 취하고 쇼핑에는 별 관심이 없으므로 버스에서 1시간 남짓 기다리며 쉬었다. 나올 때는 모두 몇 개씩의 봉투를 들었는데 아내도 편백나무 엑기스와 치약을 구입(160$)하였다. 21시 30분에 쇼핑을 끝내고 곧바로 숙소에 도착하면서 베트남에서의 이틀째 여정을 모두 마쳤고, 간단히 씻자마자 잠이 들었다.

## 🍃 2011. 1. 8(토). 흐림 [셋째 날] 🍃

06시 30분에 눈을 뜨며 베트남에서의 셋째 날을 맞았다. 창문 밖으로 보이는 풍경은 어제와 크게 다르지 않았다. 하늘도, 멀리 보이는 풍경도 희뿌옇거나 흐릿했다. 어제도 적지 않은 술을 마셨건만 머리와 속은 신기할 정도로 정상이다. 물은 가이드가 준비한 코카콜라사의 생수와 식당에서 공급되는 것만 마셨고, 개발이 한창 진행되고 흙먼지도 많이 날리지만 아직은 자연환경이 잘 보전되어 공기가 맑은 탓인가 보다. 세면을 먼저 한 후 아내를 깨워 서두르도록 했다. 오늘은 베트남을 떠나는 날이므로 여기저기 풀어놓은 짐을 빠짐없이 챙겨야 했다. 07시 10분 호텔 식당으로 내려가니 벌써 식사를 마친 가족도 있었다. 우리 가족은 많은 음식들 중 어제 맛보지 않은 색다른 것으로 골라 맛을 보았다. 한두 가지만 빼고는 모두 입맛에 맞았다. 우리 가족은 해외여행 체질인가보다는 농담을 건네며 조금 지나치다 싶을 정도로 많은 음식을 먹었다. 어제의 여행 이야기, 오늘의 일정 등을 화제 삼아 30여 분간의 아침 식사를 즐겼다.

08시에 호텔에서 출발했다. 6일 저녁에 왔던 도로를 이용하여 하노이를 향해 가는 것이다. 괜찮은 고속도로라고 하지만 대부분이 왕복 2차로이고, 오토바이가 지나가는 모습도 자주 보였다. 시가지를 통과할 때는 시속 40km를 넘지 못하고, 벗어나서도 그리 빨리 달리지 못한다. 차창 밖으로 보이는 풍경은 대부분이 농경지인데 겨울철이건만 들판은 푸르고 농작물이 무럭무럭 자라고 있었다. 산림은 우거졌으며 높은 산은 거의 보이지 않았다. 고속도로를 통행하는 차량도 많이 보이지 않고 한산한 모습이다. 도로변의 가옥이나 점포는 잘 지은 것도 더러 보이지만 대부분은 우리나라의 60, 70년대의 모습이라고나 할까? 6일 하롱베이로 가면서 들른 아베세휴게소에서 쇼핑과 휴식을 한 후 하노이를 향해 달려갔다. 고속도로 위에서도 오토바이가 달려가고 시선이 닿는 곳 어디에서나 오토바이가 넘쳐난다. 그야말로 오토바이의 천국이다. 흙먼지와 매연 등으로 대부분이 마스크를 착용하고 있고 도로환경은 매우 열악하며 고속도로와 연결되는 간선도로는 비포장이 많이 보인다. 메콩강을 지나 하노이로 들어갔다. 인구 6백만 명의 대도시답게 고층건물과 수많은 시민들의 모습이 보이지만 날씨 탓인지 왠지 우중충하고 깨끗한 느낌은 들지 않았다. 30분 정도 시내 버스투어를 한 후 목적지인 시내 중심부에 도착했다.

　11시 35분부터 개인별로 씨클로를 30분간 타면서 하노이 시내 관광을 했다. 1대당 20달러(팁 2달러 별도)로서 2명이 이용하기에도 충분하지만 가이드의 안내에 따라 한 명씩 이용하기로 했다. 자전거 앞에 바퀴 달린 2인용 의자를 붙여 주행하는 것으로써 번호판도 부착되어 있다. 명품거리 등 시

하노이 씨클로 체험　　　호치민 생가와 호수　　　호치민기념관 앞에서

내 중심부인데 오래된 가로수가 매우 많이 보인다. 오토바이가 홍수처럼 많이 운행되며 간간이 보이는 차량과 씨클로 등이 아슬아슬하게 도로를 주행한다. 교통 신호등은 겨우 몇 개만 볼 수 있었는데 차라리 없는 편이 교통흐름에 좋다고 한다. 교통은 매우 혼잡하며, 매연과 먼지 공해 등으로 많은 오토바이, 자전거 운행자들은 대부분 마스크를 착용하고 있었다. 낡거나 새롭고, 크거나 작은 건물 사이로 비교적 규모 있고 깨끗한 노란색 건물이 간간이 보이는데 관공서라고 한다.

　씨클로 출발지점으로 되돌아와 버스를 타고 점심장소인 쌀국수 전문 체인점 'PH 24'에 도착하니 12시 20분이었다. 겉보기에는 작은 2층 건물인데 하노이에서도 소문난 집으로서 빈자리가 하나도 없었다. 1인당 3달러로 삶은 돼지고기 수육, 야채와 소스, 질긴 빵이 나오며 양이 부족한 듯싶었으나 점심으로는 충분했다. 면발은 부드럽고, 육수가 느끼한 맛이 있으나 향이 특별한 소스와 곁들여 먹으니 맛있었다. 빵은 질겨서 육수에 적셔 먹으니 부드러웠다. 식사 후에는 망고 주스를 직접 만들어서 제공하는데 별도의 요금이 지불된 듯하다.

13시에 식사를 마치고 나와 15분 정도의 거리에 있는 바딘광장에 도착했다. 바딘광장은 베트남의 '독립'과 '통일'이라는 두 가지 위대한 업적을 남긴 호치민의 묘소가 있는 곳이다. 1945년 호치민이 독립 선언문을 낭독한 곳으로 건국 기념일이면 수많은 시민들이 모이며, 우리 일행이 도착하였을 때에는 아직 이른 시간인지 관광객은 그리 많지 않았다. 이 광장의 중앙에는 호치민 묘가 있고 주변으로 주석궁, 호치민 생가, 호치민 박물관 등이 자리 잡고 있다. 호치민 묘는 출입이 제한되어 겉에서 보기만 하였으나 1975년에 모스크바의 레닌 묘를 본떠서 만들었다고 한다. 방부 처리된 유해가 안치되어 있으며 관광객들이 반바지나 민소매 차림으로는 입장을 할 수 없다고 한다. 광장에서 기념촬영하며 10분 이상 기다려 주석궁에 입장하였으나 통제되어 먼발치에서 구경하였다. 이전 주석궁으로 사용하던 집무실과 호치민 생가 등을 직접 들어가 보았는데 매우 소박하고 검소하게 느껴졌다. 호치민은 독립운동을 하고, 주석으로 통치할 때에도 어려운 국민들을 생각하며 식사를 한 끼밖에 하지 않았다고 한다. 또한 새 주석궁은 건립 이후에도 거의 사용하지 않고 구건물이나 생가에서 주로 집무하며 생활했다고 한다. 한때는 우리나라와 적대관계에 있었던 국가의 아버지이자 독

호치민 구 주석궁          호치민기념관에서 일행          전기차 탑승

립의 영웅으로 국민적인 추앙과 존경을 받고 있는 훌륭한 위인의 발자취를 잠시라도 살펴보니 존경의 마음이 생겼다. 우리나라의 현대사는 과연 어떤가? 다음 일정이 바빠 호치민 박물관은 스쳐 지나가고, 기둥이 하나뿐인 '한기둥사원'을 구경한 후 14시 15분에 바딘광장을 떠났다.

신시가지를 빠져나와 비교적 낙후된 곳에 위치한 침구류 전문 한국기업 라텍스 매장에 도착하니 14시 35분이었다.

시내는 더욱 혼잡해지고, 포장이 안 된 인도와 도로 청소가 잘 안 되어 흙먼지 등 분진공해가 심각하게 느껴졌다. 또한 인도 위에는 길거리 이발사와 좌판 노점상이 많이 보였다. 제품 설명을 듣고 구매 욕구를 자극하는 매장 직원들의 적극적인 쇼핑노력에 힘입어 한 보따리씩을 구매하여 매장을 떠났다. 아내는 매장 떠날 때까지 고가의 매트리스 구매를 고민하다 라텍스 죽부인(8만 원) 1점을 구입하는 선에서 마음을 정리했다. 이곳에서 3일간 수고한 현지의 한국인 가이드와 아쉬운 작별인사를 나누었다.

15시 40분에 쇼핑을 끝내고 하노이 공항으로 향했다. 공항으로 향하는 도로변의 풍경은 여전히 매연, 안개로 도시 전체가 흐릿하게 보였다. 차량과 오토바이가 뒤섞여 교통은 혼잡하고 좌판 노점상도 자주 보였다. 도시 개발이 급속하게 진행 중이며 도시가 몸살을 앓고 있는 모습이 역력하게 느껴졌다. 그러나 농경지와 녹지대가 많아 도시는 푸르고 앞으로 개발가능한 면적은 매우 넓어 보였다. 중고 한국차량이 많이 보이는데 수입할 당시의 한국어 회사명이 그대로 적혀 있다. 16시 35분 공항에 도착하여 수하물 탁송, 출국심사 및 세관 통과 등의 절차는 간편하고 신속하게 30분 만에 끝났다. 공항청사는 3층으로 그리 넓어 보이지 않고, 출국시설이나 각종 위생 편의시설이 부족해 보였다. 그러나 탑승객이 도를 넘을 정도로 많지 않아 이용하는 데 큰 불편은 느끼지 않았다. 17시 05분부터 1시간 남짓 탑승을 대기하면서 면세점 등 이곳저곳을 구경했다. 면세점은 숫자와 규모도 적고, 매장을 꾸미는 모습도 보이며, 입점하지 않은 공간도 상당히 넓었다. 해외여행을 하게 되면 가장 고민되는 것이 간단한 기념품을 사서 가는 일이다. 이것저것 살펴보며 따져보다 가격이나 모양이 마음에 들지 않아 포기하고 말았다.

18시 05분에 베트남항공(VN 845편)에 보딩 및 탑승하고 18시 45분 하노이 공항을 이륙했다. 곧이어 제공되는 기내식은 입에 맞았다. 90분을 지나 20시 15분에 캄보디아의 씨엠립공항에 도착했다. 공항은 아담하고 청사는 캄보디아 전통양식의 아름다운 건물이었다. 입국수속은 가이드가 급행료를 내고 바로 통과하였으나 수하물을 찾는 데 시간이 많이 걸렸고 통관절차는 없었다. 20시 45분 한국인 현지가이드인 김완수 씨와 보조원을 만나 35인승 버스에 탑승, 저녁식사 장소로 이동했다. 캄보디아왕국은 입헌군주국으로 국왕과 수상이 존재한다. 인구는 약 1,500만 명이고, 수도는 프놈펜으로 약 120만 명이 거주한다. 면적은 18만 1천㎢로 태국·라오스·베트남과 국경을 이루고, 기후는 고온다습하며, 언어는 크메르어·프랑스어·영어를 사용한다. 종교는 소승불교이며, 한국과의 시차는 2시간 늦다.

20시 55분 한국교포가 운영하는 늘봄식당에 도착하여 쌈밥정식으로 늦은 만찬을 했다. 우리가 가져간 술은 마시지 말라는 가이드 요청에 따라 태국술인 메콩주를 맛보았다. 수도 사정이 좋지 않은지 화장실을 이용하는 순간에 손 씻을 물만 방울방울 떨어진다. 한국산과는 다르지만 돼지불고기, 된장찌개, 유기농으로 재배한 야채 등은 연하고 맛있었다. 규모가 크지 않은 식당임에도 인건비가 저렴한 탓으로 일하는 현지인은 10여 명이 훨씬 넘었다. 우리가 식사하는 모습이 신기한지 식사하는 내내 우리에게서 시선을 떼지 않았다. 21시 40분에 식사를 끝내고 숙소인 Empress Angkor Hotel에 도착하니 5분 거리밖에 되지 않았다. 체크인을 하느라 대기하는 도중에 물수건과 음료가 서비스로 제공되었다. 호텔은 5성급의 목조 건축물로서 매우 고전적이고 고급스러워 보였다. 22시에 객실로 들어가 여장을 푼 뒤 세면을 했다. 아침부터의 강행군으로 모두가 힘들고 지쳤지만, 이 방 저 방을 옮겨 가며 밤늦은 01시 10분까지 가지고 간 소주로 캄보디아에서의 첫날밤을 보냈다.

### 🌿 2011. 11. 9(일). 맑음 [넷째 날] 🌿

캄보디아에서의 둘째 날이다. 늦은 밤까지 술자리를 했음에도 06시에 눈을 떴다. 창밖으로 보이는 풍경은 날씨도 공기도 맑고 쾌청했다. 베란다로 나가니 호텔은 6층 규모의 'ㄷ'자형인데 열대 수목으로 아름답게 조경이 잘 되어 있고 중앙에는 넓은 풀장도 보였다. 아마도 9차례의 외국여행 중 가장 인상적인 호텔 중의 하나로 기억될 것 같다. 샤워를 끝내고 휴식하며 TV채널을 만져보니 YTN, KBS 등 3개 한국 채널이 방영되었다. 씨엠립에는 불과 500여 명의 한국교포가 거주한다는데 파격인 듯싶다. 가이드의 설명에 따르면 이명박 대통령은 취임 이전에 오래도록 캄보디아의 경제고문직을 수행하였으며 현재까지도 국왕을 비롯하여 정부 인사들과 친분이 깊다고 한다. 또한 최근에는 정부나 민간단체에서 많은 원조를 해주기 때문에 한국에 대해서 매우 우호

적이기 때문이라고 한다.

07시 30분 호텔 식당으로 내려갔다. 부지런한 일행은 벌써 식사를 마치고 빠져나갔다. 쌀국수, 볶음밥, 야채, 김치(오이, 배추), 소시지, 베이컨 등으로 아침식사를 했다. 우리 가족의 입맛에는 모두 만족스럽고 맛있었다. 3백여 명을 동시에 수용할 수 있는 넓은 면적이고 식당을 이용하는 100여 명 중 한국인이 70% 이상은 되어 보였다. 식사를 하면서 오늘의 일정은 과연 어떤 놀라운 경험을 하게 될지에 대해서 얘기를 나누었다. 세계 7대 불가사의 중의 하나인 앙코르와트를 보게 되므로 마음이 설레는 것은 당연한 일일 것이다.

여행준비를 마치고 08시 40분에 호텔을 떠났다. 첫 번째 관광코스인 바푸온사원으로 이동하는 도로변의 광경은 먼지가 폴폴 나는 비포장 도로, 영세하고 열악한 점포, 남루한 옷차림 등 한국의 60~70년대를 연상시킨다. 하지만 캄보디아 국민들의 행복수준은 세계 최고에 가깝다고 하며 행인들의 표정은 밝고 명랑하게 보였다. 바푸온사원에 도착하니 아직 이른 시간이건만 관광버스와 관광객들로 통행이 제대로 안 될 정도로 붐볐다. 앙코르와트 종일입장권을 20달러(1인당)에 구입한 후 줄이 길게 늘어선 화장실에서 소변을 보았다. 관광 코스 중에는 생리현상을 해결할 공간이 부족하다고 하기 때문이다.

08시 45분부터 10시 05분까지 바푸온 사원을 관광했다.

이곳은 힌두교 우주관의 중심인 메루(Meru)산을 상징하고 있는 앙코르 지역에서 세 번째로 지어진 사원이다. 또한, 우다야디티야바르만 2세에 의하여 시바신에게 봉헌된 힌두교 탑이기도 하다. 이 사원의 중심 높이는 약 43m, 가로 125m, 세로 425m 크기로 피라미드 형태의 탑이 솟아 있다. 현재 훼손정도가 너무 심하여 계속하여 복구 중인데 캄보디아의 재정력으로는 한계가 있어 프랑스와 유네스코에서 전적으로 맡는다고 한다. 사원 곳곳에는 수백 년 된 뽕나무가 많이 있는데 이것들이 사원시설을 훼손하는 측면도 있지만, 오히려 보호하는 역할을 더 많이 하기 때문에 적극적으로 보호하고 있다. 우리들은 최소한의 보호·관리조차 되지 않는 듯이 밀림 속에 방치되다시피 존재하고 있는 방대한 규모의 사원에 연달아 경악과 탄성을 지르며 계속 셔터를 눌러댔다. 다른 모든 관광객들도 우리와 같은 마음으로 행동하고 있는 듯했다. 사원 건설에 사용된 암석들은 주변에서 생산되지 않는 자재들이라고 한다. 작은 것부터 수십 톤에 이르는 크고 많은 암석들을 어디에서 어떻게 옮겨서 이 거대한 사원을 만들었는지가 불가사의한 일이라고 한다. 출입구에서 그리 멀지 않은 곳에서는 몸이 불편하신 분들이 악기를 연수하고 있는데 우리 일행이 한국인임을 알아차리고 아리랑을 연주해주었다.

Empress Angkor Hotel          바푸온 사원에서          툭툭이를 타고

　10시 05분에 버스를 타고 25분 정도의 거리에 있는 앙코르와트로 이동했다. 차창 밖으로 보이는 풍경은 크게 다르지 않았다. 사원시설과 자연환경의 보전을 위해 10시 35분 공원입구에서 전기차로 바꿔 타고 사원 앞까지 이동했다.

　이 구간은 수백 년 된 거대한 열대나무 군락이 계속 이어지고 있고 오고가는 전기차의 모습이 끊어지지 않는다. 드넓은 호수는 맑고 깨끗하며, 어린이들이 알몸으로 목욕하는 모습도 간간이 보였다. 호수에 비친 나무와 산 그림자는 주위의 풍경을 보다 더 아름답게 만들어주었다. 사원은 교량으로 연결되는데 입구 쪽은 비포장 된 주차장이며 많은 관광객과 상인 등으로 붐볐다. 기념촬영을 하며 다리를 건너 사원으로 걸어 들어갔다. 앙코르와트는 크메르의 고대도시로 세계에서 가장 위대한 건축물 중의 하나이다. 씨엠립시 북쪽 6.5km 지점에 있으며 1860년 식물학자 앙리무오가 발견한 이래 이곳을 방문한 많은 사람들의 찬사를 받고 있다. 12세기 전반에 수리아바르만 2세가 힌두교의 비슈누 신과 일체화한 자신의 묘로 사용하기 위해 건립하였다. 따라서 이곳에 있는 모든 건축물 하나하나에는 크메르인들의 독자적인 문화와 그들의 우주관 및 신앙관들이 고스란히 담겨 있다. 또한, 그들이 건설한 세련되고 정교한 호수, 운하와 톤레삽으로부터 연결시킨 관개수로를 이용하여 부유하고 막강한 기반을 마련하였다. 구조는 동서로 약 1,500m, 남북으로 약 1,300m의 넓이에 중앙에 있는 탑을 기준으로 석조의 대사원이 건설되었다. 사원 주변의 운하는 바다를 의미하며 높이 65m의 중앙탑은 세계의 중심인 수미산을 나타낸다. 또한 사원의 회랑은 히말라야 산맥을 의미한다. 그리고 주변에는 넓은 도로가 지나고 있으며 그 외부는 너비가 약 200m인 수로로 둘러싸여 있다.

대사원을 관광하기 전에 연못에서 단체로 기념촬영을 하고 잠깐 동안 휴게소에서 쉬며 야자수로 목을 축였다. 즉석에서 반으로 쪼개 처음으로 먹는 맛이 더위를 식혀주기에 충분했다. 가이드로부터 설명을 듣고 2시간 남짓 쉬지 않고 사원 내외부를 구경했다. 수많은 관광객으로 넘쳐나지만 얼마나 넓은지 우리 일행만 달랑 떨어진 경우도 여러 번 있었다. 구경하는 내내 놀람과 충격으로 입을 다물 수 없었다. 밀림 한 가운데 구획을 나눠 잘 조성된 넓은 정원과 대사원, 사원 시설의 방대한 규모와 높이, 복잡함과 정교함, 벽돌 하나하나에까지 그려진 벽화와 조각에 담긴 내용, 수많은 시설의 용도 등 고대인들이 얼마나 막대한 인력과 비용을 들여 이런 거대한 건물을 만들었는지 상상조차 할 수가 없다. 우리가 빠르게 스쳐 지나가며 본 것도 극히 일부이지만 자세한 설명을 들으면서 구석구석 살펴보자면 1주일도 모자란다고 하니 그 규모가 얼마나 큰지 짐작하고도 남음이 있다.

12시 40분 앙코르와트를 나와 전기차를 타고 식당으로 향했다. 왔던 길을 되돌아가는데 코끼리와 원숭이도 보이고, 잔디밭에서 야유회를 즐기는 시민들의 모습도 보였다. 12시 50분 교포가 운영하는 '비원'에 도착, 돼지고기 주물럭 메뉴에 슈퍼위스키(20$)를 반주삼아 늦은 점심식사를 했다. 음식 맛은 한국에서 먹는 것과 크게 다르지 않았다. 한국음식의 세계화는 어려운 선진국보다는 우리나라를 뒤쫓아 오는 나라에서 확산시켜 자리 잡도록 하는 것이 바람직스러울 것 같다. 현지인도 드문드문 보이지만 대부분은 한국 관광객이다.

13시 35분 식당을 나와 툭툭이(오토바이 뒤에 2인용 마차를 달고 있음)를 타고 앙코르와트 부근에 있는 바이욘 사원

앙코르와트에서　　　　호수에서 목욕하는 아이들　　　앙코르와트 중앙탑에서

으로 향했다. 이곳은 앙코르톰을 대표하며 위대한 건설자인 자야바르만 7세가 12세기말에 앙코르톰 중심에 건립한 불교 사원으로 50개의 탑으로 이루어진 복잡한 구조로 되어 있다. 거대한 바위산 모양이며, 웃는 모습을 하고 있는 관세음보살 상이 새겨져 있는데 자야바르만 2세로 추정된다. 이는 부처와 동일시하는 왕의 위력을 세상에 과시하기 위한 것이라고 한다. 화랑의 벽면에는 그 당시 크메르인들의 역사와 일상생활을 책 대신 기록한 부조가 새겨져 있다. 관람로를 따라 여러 곳에서 향불 공양을 올리라고 권하는데 종교적인 이유도 있지만 시주로 받게 되는 1$에 더 관심이 있다고 한다. 가파른 계단을 올라서 2층으로 올라가면 자야바르만 2세로 추정되는 큰 조각상들이 기다리고 있다. 앙코르와트가 힌두교의 철학에 의해 지어진 사원인 반면 바이욘 사원은 불교 양식에 의해 지어진 곳이다.

걸어서 바푸욘 사원으로 향했다. 이곳은 바이욘 사원에서 북서쪽으로 200m 지점에 위치하고 있다. 힌두교 우주관의 중심인 메루산을 상징하며 앙코르 지역에서 세 번째로 지어진 사원이다. 이 사원의 중심 높이는 약 43m로 바이욘보다 높고, 가로 125m, 세로 425m 크기로 가운데는 피라미드 형태의 탑이 솟아 있다. 현재 훼손정도가 심하여 계속하여 복구 중이다. 주변에 있는 코끼리테라스, 왕의 자리, 문둥이 불상 등을 두루 구경하고 툭툭이가 정차한 곳에 도착했다. 많

바이욘 사원 입구에서     바이욘 사원에서 아들과     앙코르와트 중앙탑

이 훼손되어 흔적만 둘러보는 데도 상당한 시간이 걸렸다. 원래의 모습대로 복구가 가능한지 그리고 복구할 것인지 알 수 없지만 가이드의 설명대로 원상회복된다면 엄청난 규모가 될 것 같다.

15시 20분 툭툭이를 타고 30분 뒤 호텔에 도착했다. 저녁 식사 시간까지는 2시간 30분 정도의 여유가 있었다. 우리 가족은 집에서 출발 시 준비물품에 수영복이 포함되어 있기에 혹시나 하는 마음으로 가져간 것인데 마침 사용할 기회가 온 것이다. 70여 평 규모의 풀장에는 외국인과 한국여성 몇 명이 수영과 일광욕을 즐기고 있었다. 재비를 하고 내려가 일행 3명과 함께 1시간여 동안 수영과 물장난을 하니 힘도 들고 추위가 느껴졌다. 수영장에도 한번 가보지 않은 놈이 호텔 풀장에서 수영을 하였으니 새로운 경험과 함께 출세했다고나 할까? 다른 일행은 준비하지 않았거나 쑥스러워 풀장에 들어오는 것 자체를 꺼렸다. 17시부터 샤워하고 일과 정리를 하면서 한 시간 정도 쉬고 있으니 식사시간까지 너무 많이 남았다고 소주나 한잔하자고 한다. 친구 방으로 건너가 일행과 함께 소주잔을 기울이며 여독도 풀고 시간을 때웠다. 20~30년간 사귀어온 친구들이라지만 해외에 나와서까지 시간만 나면 술을 마시니 내 스스로도 너무 심하다는 생각이 들었다.

18시 30분 호텔을 출발 10여 분 거리에 있는 Tonle Mekong에 도착하여 전통민속공연을 구경하며 1시간가량 저녁을 먹었다. 한 번에 1천 명 이상이 입장 가능한 대규모 뷔페식당으로 일본인, 중국인, 영어권 등 세계인이 모두 모인 것 같았다. 음식종류는 양식, 전통음식 등 1백여 종류가 넘을 것 같고, 맥주는 별도의 비용을 지불해야 한다. 보아도 들어도 모르는 내용이지만 식사 중 공연은 계속 이루어지고 음악 소리, 악기 소리, 숱한 언어의 대화 소리, 연이어 터지는 카메라 불빛 등으로 식당 안은 흥청거리고 나이트클럽 수준이었다. 음식은 눈으로 시작하여 맛과 양으로 끝이 나는데 그 아름답고 맛있어 보이는 음식들을 양의 한계 때문에 조금밖에 먹지 못하는 것이 안타까울 뿐이었다. 하지만 3번씩이나 오가며 마음에 드는 것을 조금씩 덜어 맛보고, 오렌지 주스를 후식으로 저녁식사를 마무리했다.

19시 50분 가이드가 2차를 계산하기로 하고 캄보디아식 노천 노래방인 '레드피아'로 향했다. 이곳에서는 할리우드 여자 액션배우 안젤리나 졸리가 출연한 툼레이더가 촬영되었다고 한다. 'PUB STREET'에 있는데 관광객으로 벌써 만원이므로 입장을 포기하고 야시장, 노천 음식점 거리를 걸어다니며 구경했다. 전반적으로 가로등은 어둡고, 건물은 낡고 오래되었는데 이 거리만은 불야성을 이루고, 인파로 넘쳐났다. 분위기가 너무 소란스럽고, 오토바이나 차량 운행으로 먼지도 많이 나므로 버스를 타고 10분 거리에 있는 나이트클럽 'Romamtic style'에 도착하니 20시 25분이다. 정상적인 건물이 아니고 볏짚을 엮어 덮거나 비닐천막으로 지붕을 만든 노천 주점인 것이다. 한국교포가 경영하며 개구리 뒷다리 요리와 과자를 안주 삼아 생맥주를 마셨다. 요리방법이 다른지 예전 한국에서 먹던 개구리튀김과는 맛이 달라 많이 남겼다. 한국관광객이 몇 팀 보이고, 손님은 마이크를 잡을 수 없고 몇 명의 가수가 순서를 바꿔가며 노래를 불렀다. 현지 가이드와 절친한 현지의 한국 기업인을 만나 양주 1병을 선물로 받아 마셨는데 기업인은 주점 사장의 승낙을 얻어 전선야곡을 생음악으로 열창했다. 가이드가 술값을 계산하였는데 뜻밖에

초대형 식당 톤레메꽁                노천 나이트클럽                PUB STREET

밤 술집 문화체험을 제대로 한 것이다. 21시 25분에 주점을 나와 10분 거리에 있는 숙소에 도착하였고, 일행 몇 명은 내 방으로 자리를 옮겨 술잔을 기울이며 하루의 일정을 되돌아보다 23시 30분에 정리하며 캄보디아에서의 둘째 밤을 마무리했다.

### 🌿 2011. 1. 10(월). 맑음 [다섯째 날] 🌿

07시에 일어났다. 베란다로 나가보니 날씨는 화창하고 열대지방이지만 아침공기는 시원하고 맑았다. 오늘은 사실상 동남아 여행의 마지막 날로서 언제 또다시 오겠나 싶어 일정이 좀 더 길었으면 하는 아쉬운 마음이 들었다. 한국 TV 방송을 시청하면서 찌뿌드드한 몸을 풀어주고 샤워를 한 후 쉬었다. 08시에 가족과 함께 식당으로 내려가 어제 맛보지 못한 것 위주로 골라 마지막 아침식사를 했다. 과식한다 싶었지만 이것저것 가져다 세 접시나 비웠다. 여행하면서 느낀 점은 식사시간이 가장 활기 넘치고 표정도 밝은 것 같다. 오죽하면 '금강산도 식후경'이라는 말이 생겨났을까 싶다. 08시 40분 시사를 마치고, 여행할 물품을 간난히 순비한 후 로비로 내려갔다. 가이드가 체크아웃을 하고 난 후 호텔 안에서 사용 가능한 12$짜리 쿠폰을 방별로 하나씩 내어주니 모두 호텔 내 쇼핑센터로 달려가 그 몇 배에 상당하는 물품을 구매했다. 장삿속이다 싶지만 공짜 돈이 생겼으니 기분은 좋은가 보다.

09시 40분 아쉬운 마지막 일정을 보내기 위해 호텔을 떠나 와트마이 사원으로 이동했다. 이곳은 킬링필드 시절에 크메르루주에 의해 씨엠립 인근에서 학살된 주민들의 해골을 안치해 놓은 유골탑과 이를 기리기 위한 사원이 건립되어 있다. 킬링필드는 1974년부터 1979년 사이 민주, 캄푸차 시기에 군벌 샐로스 사르가 이끄는 크메르루주라는 무장단체에 의해 저질러진 학살을 말한다. 3년 7개월간 인구 700만명 중 1/3에 해당하는 200만 명에 가까운 국민들을 학살했다고 한다. 고문광경, 총살 모습, 여러 모양의 주검과 버려져 산처럼 쌓인 시체 모습 등을 보니 비정상적인 인간이 얼마나 악랄할 수 있는지 상상이 되지 않을 정도다. 독일의 히틀러, 일본의 군국주의, 6·25전쟁, 북한의 김일성과 김정일 등은 나에게만 떠오르는 생각이었을까? 유골탑 앞에서 기념촬영한다는 것이 모양새는 아니다 싶어 주변 시설물만 몇 장 찍었다.

10시에 사원을 떠나 한국교포가 경영하는 'Gino genet jewelry'로 이동했다. 40분간 구경을 하였으나 가격이 부담스럽고, 마땅히 구입할 것이 없는지 모두 빈손으로 나왔다. 많은 매장 직원들이 집요하게 따라 다니며 여러 가지 상품을 소개하지만 오늘은 꿋꿋하게 잘 버틴다. 아내도 하나쯤 구입해주기를 바라는 눈빛이 역력하므로 사고 한번 쳐볼까 몇 번을 고민하다 내 부담능력을 크게 벗어나므로 뒷감당을 생각하며 마음을 접었다. 이럴 줄 알았으면 평소에 술값과 용돈을 아껴 아내 마음에 쏙 드는 선물 한 개 해주면 앞으로 몇 년간이 편안할 텐데 하는 후회도 되었다.

10시 45분에 25분 거리에 있는 톤레사프 호수로 이동했다. 시가지를 벗어날수록 내 눈에 보이는 도로변의 가옥들은 누추하고 열악해 보였다. 특히 문이 없는 건물의 실내 모습은 미처 상상하지 못할 정도였다. 하지만 간혹 아름답고 규모 있는 가옥들도 보이는데 가난한 나라일수록 빈부격차가 커짐을 실감하게 된다. 울창한 자연환경과 한겨울에도 농작물이 자라는 들판은 아름답지만 하천과 개울은 생활하수 등으로 썩어가는 모습이 역력했다. 톤레사프 호수로 다가갈수록 주거와 생활환경은 더욱 열악해져 입이 다물어지지 않을 정도였다. 강으로 유입되는 하천변에 세워진 집들은 몇 개의

킬링필드 기념 유골탑

수상촌 가옥

수상촌 터미널

기둥 위에 있는데 배설물이 바로 떨어져 강으로 유입되는 것 같았다. 기둥이 드러나 보이는 것은 지금이 건기이기 때문에 물이 준 까닭이라고 한다. 우리 일행의 입에서는 하나같이 놀람과 안타까움의 탄식소리가 계속 새어나왔다.

11시 10분에 톤레사프 호수에 도착, 바로 화장실로 향했다. 앞으로 어떻게 생리현상을 해결할지가 걱정되기 때문이다. 대표적인 관광지의 화장실이었으니 상당한 수준이었겠지만 비좁고 악취가 나며 빨리 일보고 나오고 싶은 마음뿐이었다. 이 호수는 캄보디아 중부의 범람원에 형성된 동양최대의 담수호로서 우기에는 제주도(1,820㎢)의 8배에 가까운 면적으로 불어나 바다를 방불케 한다고 한다. 선착장에서 관광객을 위한 많은 유람선이 정박해 있고 우리는 한 척을 전세 내어 승선하는데 어린이들이 출발을 도와주었다. 물은 황토 빛이고, 처음에는 조금 탁하고 역한 냄새가 코를 찡그리게 하지만 이내 적응이 되었다. 11살의 어린 승무원은 제일 먼저 앉아 있는 내 뒤에 오더니 안마라고 등을 주물러준다. 안마랄 것도 없지만 2$를 팁으로 주니 고맙다며 더해준단다. 다른 일행에게 가보지만 반응이 신통치 않은지 이내 포기하고 만다. 선착장 주변부터 수상촌이 이루어져 있는데 한국선교회에서 지어주었다는 수상교회와 수상학교가 보였다.

우기가 되면 호수에 물이 꽉 차고, 건기가 되면 줄어드는데 메콩강의 수위에 따라 변한다고 한다. 호수 변의 뭍에도 많은 집들이 보이지만 수상촌에 더 많아 보이는데 육지에 내릴 수 없는 사람들이기 때문이라고 한다. 이들은 베트남 난민들로서 월남 패망 때 살 곳을 찾아 나선 보트피플로서 메콩강을 거슬러 올라가다 이 호수에 정착하게 되었다고 한다. 또한 캄보디아 국가에서 뭍에 내리는 것을 허용하지 않기 때문에 물 위에서 살며 용변, 취사, 가축사육, 악어사육 등 모든 것을 물 위에서 해결한다. 정말로 열악하고 힘든 삶을 사는 불쌍한 사람들이라 생각된다. 호수가 워낙 넓어 자정작용이 잘 이루어지므로 심각하게 문제될 것이 없다고 하며 최근에는 다행스럽게 식수는 생수를 사먹는다고 한다.

유람선으로 이동하는 중에는 우리 옆으로 접근하며 "1달러!, 1달러!"를 외치는 소형 보트들이 몇 척이나 되었다. 30분 뒤에 수상휴게소에 도착했다. 조그만 수상가옥 수십 채에 이를 만큼 규모도 크고 2층에는 전망대도 설치되어 있어 사방을 조망할 수 있고, 기념촬영도 할 수 있다. 이곳에서는 1층 바닥 아래 우리를 만들어 악어를 기르고 있었으며 어린

수상촌 어린이의 안마

수상촌 유람선에서

수상촌 주민

꼬마들이 제 팔뚝보다 더 굵은 뱀을 몸에 감고 노는 모습도 볼 수 있었다. 대야를 타고 노 젓는 아이들, 2m쯤 됨직한 작은 배를 노 젓는 부녀자, 황토물 속에서 수영하며 노는 아이들 등 쉽게 상상할 수 없는 모습을 보았다. 호수에서 잡아 올린 2~3cm 정도의 작은 새우구이를 안주로 소주(8$)를 시켜 마셨다. 맛은 우리 새우와 비슷하지만 강물 때문인지 젓가락이 쉽게 가지 않아 대부분을 남기고 말았다. 이곳에는 수상가옥이 밀집되어 있으며 가까이 접근이 가능하였는데 가옥(배)의 규모와 내부 모습, 주민들의 모습 등이 너무 애처롭고 불쌍하게 느껴졌다. 12시 10분 휴게소를 떠나 다시 선착장에 도착하니 12시 30분을 지나고 있었다. 되돌아가는 중에는 수상가옥과 강변 가옥, 그리고 주민들의 모습을 더 가까이에서 확실하게 볼 수 있었는데 앞으로 이들의 운명이 과연 어떻게 될 것인지 놀람과 탄식과 한숨 소리만 하염없이 나왔다. 한 하늘 아래 사는 같은 인간이라는 이유만으로도 하루 빨리 이들의 운명과 생활이 나아지기만을 바랄 뿐이다. 선장 및 어린 선원과 작별인사를 나누고 12시 30분에 톤레사프를 떠났다. 선착장에서 멀지 않은 곳에서는 한국기업이 건설공사를 진행 중인데 수익도 많이 올리고, 캄보디아와 수상촌 주민들에게도 큰 도움이 되었으면 좋겠다.

12시 50분 '수끼' 전문점에 도착 조금 늦은 점심식사를 했다. 수끼는 샤브샤브의 일종으로 육수에 해물과 만두, 김밥

수상촌 휴게소에서        수상촌 터미널 어린이        수상촌 가옥

을 끓여 먹은 뒤 밥과 계란을 볶은 메뉴다. 반주로 소주(4$)
를 시켜 마시는데 업소마다 가격이 다르다. 우리 가족에게는
양이 다소 많아 보였는데 남김없이 깨끗하게 먹어 치웠다.
13시 45분 식당을 나와 6분 뒤 아티산앙코르센터에 도착했
다. 이곳은 장애인 직업전문학교로서 규모는 작지만 주변이
수목과 꽃으로 아름답게 꾸며져 있다. 한국인 여직원이 안내
및 설명을 해주는데 천을 짜고, 불상과 조각 등을 직접 만들
어 매장에서 판매한다. � 오랜 시간동안 머물면서 쇼핑센터
를 구경했지만 손에 들고 나오는 상품은 많지 않았다.

　14시 35분에 나와 5분 거리에 있는 상황버섯쇼핑센터인
'상록원'으로 향했다. 이곳은 한국 교포가 경영하는 곳으로
서 상당히 오랜 시간을 내어 상품 설명을 하고, 여러 가지의
할인가격도 제시하였건만 가격이 워낙 비싸므로 한 명도 구
입하지 않았다. 나는 상품설명이 끝나자마자 사무실에 앉아
있기가 부담스러워 밖으로 나와버렸고 이내 몇 명이 뒤따라
나왔다. 모든 여행상품에 쇼핑이 필수적이라는 것은 알면서도

아티산앙코르　　　　웨스트바레이 저수지　　　동남아여행 마지막 만찬

관광지를 구경하고 식당에서 음식 맛을 보는 것은 좋은데 쇼핑은 늘 부담스럽다. 여행사와 가이드가 가장 싫어하는 관광객인 것이다. 15시 40분에 떠나 15분 거리에 있는 웨스트바레이로 향했다. 이곳은 동남아 최대의 인공저수지로서 10세기에 건설되었는데 그 규모는 2.2km×8km에 달한다고 한다. 규모가 놀랍지만 앙코르와트를 생각하니 당연하다 싶다. 여러 척의 보트가 정박해 있고, 물가에는 허름한 수상가옥이 몇 채 보인다. 팔찌와 목걸이 등을 몇 개씩 손에 든 채 팔아달라고 쫓아다니는 어린이들이 유별나게 많다. 기념품과 과일, 꼬치 등을 파는 상점이 많은데 관광객이 우리 외엔 별로 없으므로 그런 것 같다. 과일이나 노점상의 조리과정을 처음으로 가까이서 보았는데 과일은 입맛을 당길 정도로 탐스럽게 느껴지지는 않았고, 꼬치구이나 바비큐 등은 조리과정이나 보관상태 때문에 나로서는 쉽게 먹을 수 없을 것 같았다.

16시 5분 저수지를 떠나 16시 20분 발 마사지 업소인 'Ice spa'에 도착했다. 이곳도 한국 교포가 경영하는 곳으로서 규모가 엄청나게 크다. 입구에는 여성 마사지사 수십 명이 도열하여 손님을 맞이하며 나이는 10대~20대 정도로 어려 보였다. 우리는 한 방에 들어가 양 쪽으로 나누어 누웠는데 20명 정도는 입장이 가능해 보였다. 마사지는 1시간 정도 소요되며 발부터 머리까지 거의 전신에 손이 닿는다. Tip은 1~2$ 주면 되는데 가이드가 일괄하여 지급하여 우리 부담을 덜어 주었다. 체격은 작고 몸도 가냘파 보이는데 손가락 힘이 어디서 나오는지 시원하다 못해 아픔을 느낄 정도다. 마사지를 받는 중에는 졸음이 살살 오고, 받고 난 뒤에는 몸이 가뿐하고 시원하다. 끝나고 방을 나설 때는 모두 도열하여 한국말로 감사의 인사를 건넨다. 17시 30분 스파 내의 한식당으로 이동하여 캄보디아에서의 마지막 만찬을 즐겼다. 메뉴는 돼지갈비로서 고추와 상추 등 여러 야채, 미역냉국, 부침개와 잡채 등이 나오며 소주는 1병에 7$를 받는다. 한국인이 경영하고, 한국 관광객이 많이 찾는 곳인 까닭에 한국에서 먹는 것이나 크게 차이가 없으며 모두가 남김없이 맛있게 먹었다. 마지막 만찬에 술이 빠질 수야 있나? 소주와 음료수를 시켜 모든 일정이 즐겁고 건강하고 무사하게 끝냈음을 자축히며 건배를 했다.

18시 10분 식당을 나와 5분 거리에 있는 호텔로 향했다. 곧바로 객실로 이동하여 빠트린 짐은 없는지 꼼꼼히 점검하고 호텔 로비로 내려갔다. 모두의 얼굴에 조금은 아쉬운 표정이 역력했다. 각자 쇼핑을 하거나 대기하며 여행 얘기로 시간을 보냈다. 18시 50분 호텔을 떠나 씨엠립 공항에 도착하니 불과 5분 거리에 있었다. 도착한 날에는 식당에 먼저 들렀다 가느라 이렇게 가까운 곳에 있었다는 사실을 미처 몰랐던 것이다. 공항은 규모가 매우 작고 편의시설이 부족하여 탑승객이 앉을 자리조차 부족했다. 항공권 발권 및 수하물 탁송, 출국심사 및 통관절차를 거치는 데 1시간 이상 소요되었다. 탑승하기까지 30여 분 이상의 시간이 남았으므로 간단한 기념품 구입을 위해 면세점과 쇼핑센터를 둘러보니 동해시에 있는 중규모의 마트보다도 좁고, 상품도 많지 않으며 분양되지 않은 공간도 상당했다. 적은 비용에 마땅한 것이 없으므로 쇼핑을 포기하고 말았다. 그러나 이제 구입 가능한 곳은 환승지인 호치민 공항밖에 없으니 속으로는 걱정이 되었다. 21시에 보딩 및 탑승하고 21시 15분에 베트남항공 1822기는 씨엠립을 이륙했다. 22시 05분에 호치민 공항에 도착하여 환승수속을 끝내니 23시였다. 하나 남은 큰 숙제를 해결하기 위해 이곳저곳을 다녀보지만 간단한 기념품 판매점은 눈에 띄지 않았다. 20여 분을 찾아 헤매다 작은 베트남 여인 인형이 맘에 들어 40여 개를 요청하니 그 매장에 있는 같은 가격대의 상품 전체다. 몽땅 털이에 점원이 깜짝 놀라고, 포장하는 데만 10여 분 이상 걸렸다. 그제야 큰 짐을 내려놓은 듯 속이 후련했다. 탑승구를 찾아가니 수백 명이 대기 중이며, 비좁고 자리가 없어 서 있는 승객이 많이 보였다. 구석에 억지로 자리를 잡고 기다리다 23시 30분에 보딩 및 탑승을 시작하였고, 아들과 함께 일찍 비행기에 올랐다. 승객이 거의 모든 자리에 앉았음에도 아내의 얼굴이 보이지 않았다. 후회 반, 원망 반으로 한참 동안 마음을 졸이고 있는데 거의 마지막에 모습이 보이니 안도의 한숨이 나왔다. 베트남항공 938기는 23시 50분에 호치민공항을 이륙하여 인천공항으로 기수를 돌렸다.

### 🌿 2011. 1. 11(화). 맑음 [여섯째 날] 🌿

1월 10일 23시 50분 호치민 공항을 떠난 지 1시간 뒤에 비몽사몽하며 헤매고 있는데 조식으로 카레라이스, 과일, 빵, 요플레 등이 나왔다. 한창 잠잘 시간이고, 배도 고프지 않았지만 안 먹으면 손해라는 생각과 날마다 먹는 음식도 아니므로 입에 대어보지만 반은 남기고 만다. 눈에 띄는 앞·뒤·옆의 승객들을 보니 아예 손대지 않은 사람은 몇 명밖에 보이지 않는다. 결국은 속이 거북해서 참다못해 화장실을 이용하였는데 승객 눈치도 보이고 사용하기에도 많이 불편하다. 졸다 자다 깨다 하며 헤매다보니 어느새 인천공항 상공을 날고 있으며 고도를 낮추어 활주로에 가까이 접근하니 창밖으로는 우리의 무사 귀국을 환영하는 듯 함박눈송이가 하나씩 떨어진다. 06시 25분 공항에 도착하니 바람도 세게 불고 눈발은 사선을 그으며 제법 세차게 내리며 기온은 -5℃라고 한다. 이로써 한국의 가장 추운 시기에 상대적으로 가장 따뜻한 나라에서의 꿈같은 4박 6일간의 동남아 여행이 사실상 막을 내린 것이다.

어둡기 때문에 하늘에서 창밖을 통하여 인천공항의 모습을 제대로 볼 수 없었지만 공항 청사에서 바라보이는 규모는 정말 어마어마하다. 미국, 일본, 중국, 러시아, 캐나다, 스페인 등 16개국 정도의 해외여행을 다녀보았지만 인천공항만큼 규모 있고, 빠르고, 친절하게 서비스가 이루어지고 있는 곳은 없는 듯하다. 6년 연속 세계 최우수 공항으로 선정되었다는 것이 자랑스럽고 뿌듯하게 느껴진다. 항공기에서 내려 이동시간 포함하여 입국심사, 수하물 찾기, 통관절차를 마치는 데 40분 정도의 시간 밖에 걸리지 않은 것 같다. 공항대합실에서 기다리다 관광버스로 이동할 때 우리 부부는 엄청나게 추위에 떨었는데 출국할 때 겨울용 외투가 짐이 될 것 같아 버스에 맡겨 놓았기 때문이다. 07시 40분 '모두투어' 관광버스에 탑승하였고 출발하자마자 모두 비몽사몽이다. 09시 30분 여주휴게소에 들러 6일 만에 해물순두부백반 등 오리지널 한국 음식으로 아침 겸 점심식사를 했다. 강릉휴게소에서 잠시 쉬었다 동해시종합운동장에 도착하니 11시 58분이다. 뜻이 맞는 친구들 모임에서 10여 년 이상 준비하여 진행된 해외여행이 건강하고 행복하게, 안전하고 무사하게, 즐겁고 흥미롭게 끝난 것이다. 6일간 안내해준 여행사 백 사장님과 관광버스 기사님, 그리고 친구 및 가족들과 아쉬운 작별의 인사를 나누면서 헤어졌다. 6일간 한데에서 주인을 기다리며 눈과 바람을 맞아 꽁꽁 언 승용차를 타고 집에 도착하니 12시 10분을 넘어서고 있었다. 아내는 남자 둘 있어봐야 짐 정리하는데 거치적거린다고 사우나 하러 가라고 다그친다. 우리는 잘 되었다 싶지만 조금은 미안한 척하며 잽싸게 집을 나섰다.

짧은 기간에, 두 나라의 3개 도시밖에 보지 못하였으므로 내 눈에 비친 것은 아주 작은 부분임에 틀림없다. 그곳은 그 나라를 벗어나 세계 최고의 관광지이므로 모든 면에 있어서 그 밖의 지역보다는 훨씬 나을 것이다. 그러므로 두 나라 전반에 대한 고정된 생각과 판단은 하고 싶지 않다. 우리나라의 모든 분야를 지배하는 문화가 있듯 그 나라 고유의 많은 문화가 있으므로 존중해줘야 한다는 생각이다. 다만 특히 경제적인 면에서 우리에게도 수십 년 전에 비슷한 과거가 있었고, 그 나라들도 더 나은 미래를 위하여 열심히 노력하고 있다는 것은 여러 곳에서 확인할 수 있었다. 극단적으로 빈부와 행·불행의 판단기준도 우리와는 다를 것이다. 이번 여행을 포함하면 모두 9회에 16개국을 여행하게 되었다. 다녀올 때마다 똑같이 느낀 점은 이번에도 변함없다. 대한

민국은 세계에서 제일 살기 좋은 나라이다.

- 베트남(하롱베이)/캄보디아(앙코르와트) 일정표 -

| 날 짜 | 지 역 | 교통편 | 시 간 | 일        정 |
|---|---|---|---|---|
| 제1일<br>2011.<br>1. 6<br>(목) | 동 해<br>인 천<br>하노이<br><br>하롱베이 | 전용차량<br><br><br>VN 935<br>전용차량 | 07:00<br>10:30<br>15:00<br>18:05<br>21:05 | 동해종합운동장 집결 및 출발<br>인천 국제공항 도착 후 출국수속<br>인천 국제공항출발(약 5시간 소요)<br>하노이(노이바이) 국제 공항 도착<br>하롱베이 이동(약 4시간 정도 소요)<br>호텔 체크인[사이공 하롱 호텔(★★★★)] |
| 제2일<br>1. 7<br>(금) | 하롱베이 | 전용차량<br>유람선<br><br>전용차량 | 전일 | 호텔 조식 후 하롱베이 이동<br> - 하롱베이 관광(메꿍, 하늘문, 띠톱섬)<br> - 선상 중식(다금바리회, 씨푸드)<br>하노이 발 맛사지 체험(1시간)<br>석식 후 호텔 투숙 |
| 제3일<br>1. 8<br>(토) | 하롱베이<br>하노이<br><br>씨엠립 | 전용차량<br><br><br>VN 845<br>전용차량 | 16:55<br>18:50 | 호텔 조식<br>중식 후 호치민 박물관, 한기둥사원 등 관광<br> - 씨클로 탑승<br>하노이 시내관광 후 공항으로 이동<br>하노이 출발/씨엠립 향발<br>씨엠립 국제공항 도착 후 입국 수속<br>석식(한정식) 후<br>호텔 투숙[엠프레스 앙코르 호텔(★★★★★)] |
| 제4일<br>1. 9<br>(일) | 씨엠립 | 전용차량 | 전일 | 호텔 조식<br>앙코르톰[Angkor Thom] 유적군 관광<br>툭툭이 탑승 유적지 왕복(오전, 오후)<br> - 바푸온 사원, 바이욘 사원, 코끼리테라스<br>중식 후<br> - 타프롬 사원, 앙코르와트 관광<br> - 씨엠립 발 맛사지 체험(1시간)<br>석식(압살라 민속디너) 후 호텔 투숙 |
| 제5일<br>1. 10<br>(월) | 씨엠립 | 전용차량<br><br>VN 1822 | <br><br><br><br>21:25 | 호텔 조식<br>톤레삽 호수 및 수상촌 관광 후 중식<br>웨스트 바레이 & 왓트마이 관광<br>시내관광 및 상황버섯 · 보석 쇼핑센터 방문<br>씨엠립 국제공항 출발/호치민 향발[기내 박] |

| 제6일<br>1. 11<br>(화) | 호치민 | VN 938 | 22:25 | 호치민 국제공항 도착/항공기 환승 |
| | 인천 | | 23:50 | 호치민 출발 |
| | | | 06:40 | 인천 국제공항 도착 |
| | | 전용차량 | 07:10 | 인천 국제공항 출발 |
| | 동해 | | 11:30 | 동해종합운동장 도착 후 여행 종료 |

※ 여행경비: 1,550,000원(1인당)/별도 회비 지출액 및 개인비용 제외

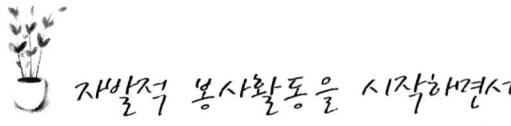

# 자발적 봉사활동을 시작하면서

　오늘은 자발적 봉사활동에 참여한 지 두 번째 되는 날이다. 군이 '자발적'이라는 표현을 사용한 까닭은 공무원이라는 신분상 비자발적인 봉사활동은 내 뜻과는 상관없이 꾸준히 해왔기 때문이다. 타의에 의한 봉사활동의 예를 들자면 농가의 모내기나 벼 베기, 과수원의 과일 수확, 민간인에 대한 재해복구활동, 사회복지시설에 대한 노력 지원 등이 되겠다. 봉사의 사전적 의미는 '국가나 사회 또는 남을 위하여 자신을 돌보지 아니하고 힘을 바쳐 애씀'으로 되어 있다. 순수한 의미('자발적'의 다른 표현임)이든 그렇지 않든 간에 '자신을 돌보지 않고 애쓴다'는 것의 정도와 한계를 판단하는 것이 스스로나 남이 보기에도 쉽지는 않을 것이다. 지금까지 봉사활동이라고 간혹 참여해온 것을 되돌아볼 때 그 정도는 절대 아니므로 봉사했다는 말을 꺼내는 것조차도 남부끄러울 따름이다.

예전에 15년 정도를 나름대로 교회에 열심히 다닌 적이 있었다. 예나 지금이나 교회에서는 비교적 사회봉사 활동을 많이 하고 있는 것으로 알고 있다. 그러나 그 당시에도 이 핑계 저 핑계로 봉사활동에 참여한 기억이 몇 번 없다. 지금 돌이켜보면 뭐가 그리 바빴는지? 쓸데없이 무슨 할 일이 그리 많았었는지? 같이 신앙생활을 했던 분들께 송구스러운 마음이 든다. 아내는 나보다 훨씬 더 먼저 신앙생활을 시작하였고 교회는 물론, 사회봉사단체에 가입하여 지금까지도 꾸준히 봉사활동을 해오고 있다. 가사활동을 전담하면서도 풍족하지 못한 가정경제를 돕기 위해 맞벌이를 하는 중에 틈틈이 시간을 쪼개어 사회활동을 하는 것이 늘 대견스럽고 보기에도 좋다.

두 아이는 개선된 교육제도로 인해 초등학교 때부터 봉사활동을 시작하였다. 학기당 정해진 시간 이상을 의무적으로 해야만 하는 강제적인 제도 때문이었지만 그렇다고 하더라도 매우 뜻밖이었고 바람직스럽게 받아들였다. 우리나라의 교육현실이 여러 면에서 많은 부작용을 가지고 있다는 비판을 받고 있음에도 학습과정에 봉사활동을 포함시킨 깃은 매우 잘한 일이라는 생각이다. 10여 년 전부터 정부와 시청·군청·구청 등에서 자원봉사센터라는 별도의 기구를 만들어 봉사활동을 체계적·효율적으로 잘 관리하고 있다. 아직도 도움이 필요한 사람과 도움을 주고자 하는 사람 간에 유기적인 연결과 협조가 제대로 이루어지지 않는다는 비판이 조금 있기는 하지만 세상에 한 점 흠 없이 완벽하게 이루어지는 것이 어디에 있다는 말인가?

최근에도 많은 학생들이 봉사활동을 하겠다고 시청으로 찾아오는 경우가 자주 있다. 특히 공휴일에 찾아오면 마땅히 할 일도 없지만 그 맘과 정성이 기특해서 시청 주변에서 쓰레기를 주워 오게 하거나 시청 안의 복도 등을 청소시키는 경우가 있다. 진정한 의미의 봉사활동이라고 보기에 흡족하지는 않지만 이 정도까지 만이라도 하는 학생들이라면 예쁘고, 착하고, 잘나 보인다. 그러나 이마저도 하지 못하고 부모를 통해서 봉사활동 확인서에 시청 공무원의 확인 도장을 받아 가는 학생이 의외로 많이 있다는 사실은 참으로 안타까운 일이다. 공부를 너무 열심히 하든 아니면 또 다른 일로 시간을 도저히 낼 수 없기 때문이라고 하더라도 그 학생이나 부모에 대해서는 썩 마음이 좋지 않다.

다행스럽게도 우리 아이들은 내게 그런 부탁을 한 적이 없다. 만약 했다면 안 좋은 소리를 들을 것이 빤히 내다보이기 때문에 생각은 했어도 실행하지는 못했을 것이다. 둘 다 학교 단위로 구성된 봉사클럽에 가입하여 정기적으로 활동하였고, 싫어하는 공부보다는 그게 더 좋았는지 봉사활동을 많이 한 덕택에 상까지 받았으니 다행스런 일이라고 할 수밖에는 없다. 아내와 아이들의 모습을 보면서 '이래서는 내 꼴이 말이 아니다'라는 생각을 갖게 되었고 언젠가는 자발적인 봉사활동을 해야겠다는 마음을 먹었다. 그러나 실행하기는 생각처럼 쉽지 않았다. 1998년 9월에 '동해시자원봉사센터'가 설치될 때부터 가입을 검토하다 2001년 초에서야 사이버 회원으로 가입했으니 너무 오래 걸린 것이다. 이뿐만이 아니다. 2003년에 '동해시 가족봉사단'을 모집할 때도 마음 한 편으로 생각만 하다가 아직까지도 실행을 하지 못하고 있다.

그러나 '뜻이 있는 곳에 길이 있다고 하였던가?' 전혀 뜻밖의 장소에서 고질문제가 해결된 것이다. 올해 초에 시청 주민생활지원과에서 직원들로만 봉사단을 구성하고자 가입희망자를 모집하였으며, 이것이 기회다 싶어 전혀 망설임 없이 신청한 것이다. 한 달이 지나 모집을 마감하니 8명으로 집계되었는데 숫자가 예상 밖으로 적어 의외다 싶었다. 아마도 다른 여러 가지의 방법으로 이미 봉사활동을 하고 있지 않나 생각된다. 숫자는 적지만 어엿한 봉사단체이므로 회칙을 만들고 임원을 선출하였으며 이름은 '물방울봉사단'으로 정하였다. 처음에는 '동트는 동해 사랑 봉사단'으로 하였으나 '물 한 방울이 모여 연못을 이루고, 한 방울 물이 모여서 바위를 뚫듯이……'라는 뜻에서 바꾼 것이다. 매월 두 번 모임을 갖기로 하였으므로 어떤 활동을 하게 될지 몹시 궁금하였으나 일단은 '지역아동센터' 2곳을 정기적으로 후원키로 하였다. 나는 마라톤을 좋아하고, 주말을 이용하여 2주 간격으로 전국방방곡곡을 누비며 마라톤대회에 참가하기 때문에 일정이 중복될 경우에는 사정을 감안하여 달라는 양해를 구하기까지 했다.

2010년 5월 8일에 '해오름지역아동센터'에서 첫 봉사활동을 하였으며 회원이 모두 참석하였다. 우리가 맡은 일은 10시부터 14시까지 승용차로 20여 명의 아이들을 태워 추암까지 오고가고, 오락 활동에 같이 어울려주며, 관광문화자원 탐방에 길동무를 해주는 것이었다. 한마디로 표현하자면 어울려 놀아주는 것이었는데 끝난 뒤에는 점심식사도 준비해줘서 아이들과 같이 맛있게 먹었다. 간식이야 조금 준비해갔지만 하는 일 없이 점심만 축낸 것 같아 미안한 마음을 떨칠 수가 없었다. 센터장님과 선생님들은 아이들을 처음부터 끝까지 세심하고도 다정다감하게 대해주었으며 아이들도 친엄마나 가족처럼 스스럼없이 자연스럽게 따르는 모습이 너무 인상적이었다. 심지어 처음 만난 우리들에게조차도 아무 거리낌 없이 다가와서 말을 걸어주고 어울려주는 것이었다. 가정 환경적인 면에서는 원만하지 못하다고 하는데 그들의 모습과 표정, 그리고 언행은 너무나 해맑고 밝아서 보기에 너무 좋았다. 활동을 끝내고 아이들과 헤어질 때는 다음에 또 만날 수 있느냐는 기대감과 아쉬움을 나타내었는데 가급적이면 꼭 가도록 노력해야겠다는 마음을 가졌다.

5월 29일은 두 번째 봉사활동을 하는 날로서 14시에 '동해웰빙레포츠타운'에서 만나 인라인스케이팅과 배드민턴을 치면서 어울려 주는 것이었다. 이번에는 '꿈나무지역아동센터'의 아이들이었으며 회원은 6명, 센터에서도 20여 명이 참여하여 16시까지 즐겁고 유쾌한 활동을 즐겼다. 자가용으로 이동시켜 주고 아이들과 짝을 지어 마냥 같이 운동하며 놀아주는 게 하는 일이었는데 모두 밝고 환한 모습으로 잘 따라주는 모습들이 너무나 좋았다. 짧은 2시간의 만남이었지만 우리들은 쉽게 친해질 수 있었으며, 다음 달에 만날 것을 약속하고 헤어질 때 아이들은 더 많이 함께하지 못하는 것을 못내 아쉬워하는 모습이었다.

나도 부모 얼굴조차 모르고 자랐던 어린 시절이 있고, 부모님을 빨리 여의었기에 그들의 어렵다는 가정환경이 남의 일 같지 않게 여겨지는 것은 어쩌면 인지상정(人之常情)이고 동병상련(同病相憐)의 마음이었을 게다. 결혼을 일찍 하고 자식들도 일찍 가졌기 때문에 직장을 잘 다니고 있는 27살 된 딸과 올해 육군 병장으로 제대한 아들이 있다. 남들의 표현에 따르자면, 아직 모두 끝난 것은 아니지만 자식농사를 조금 빠르게 지은 것이다. 친구나 같은 또래보다는 조금은 일찍 자녀 양육 부담에서 벗어났고, 시간적으로 여유가 있기에 이런 시간조차도 낼 수 있는 것이라 생각된다.

봉사단원 중에는 여성이 더 많고, 나보다 훨씬 나이가 적은 여직원이 몇 분 계신다. 그녀들은 남편과 아이들이 같이 나와서 센터의 아이들과 어울린다. 정말 보기에도 좋지만 한없이 부럽기만 하다. 나에게는 그런 시절이 없었기 때문이다. 이는 자신보다 형편이 좋지 않은 이웃에 대한, 그리고 남들의 도움을 필요로 하는 사람들에 대한 관심과 배려의 마음을 일찍 가지지 못한 내 탓이라고 밖에 할 수 없다. 이번 기회를 통하여 많은 것을 느끼고 배우게 되었다. 나로서는 아무 것도 아닌, 단지 남는 시간을 내어 그냥 가만히 같이 있어 주는 것만으로도 그들에게 도움이 될 수 있다는 사실이 놀랍다. 봉사의 종류와 질도 여러 가지가 있을 것이다. 아직은 봉사라는 단어를 함부로 입에 올리는 것이 송구스럽다. 내가 하기로 오래도록 생각하였고, 혼자 하는 것보다는 마음이 맞는 사람들과 어울려 하는 것이 더 쉽고, 재미도 있으며, 효과도 클 것으로 믿는다. 어렵게 시작한 만큼 진정성과 열정, 그리고 조금은 의무감도 가지면서 쉬워 보이는 일부터 착실히 해나가도록 노력할 것을 다짐해 본다.

# 「지방의제 21」 추진기구 창립

지방의제 21(Local Agenda 21)은 「의제 21」의 제28장과 관련되는데 지구환경보전을 위한 지방정부의 역할을 강조하면서 각국 지방정부는 지역차원의 환경실천계획인 「지방의제 21」을 추진할 것을 권고하고 있다. 이는 지구환경보전은 개개 국가의 환경보전에서 출발하며 국가의 환경보전은 지역차원에서 실천되었을 때 효과를 거둘 수 있다는 점을 시사한 것이다. 지방정부는 주민들과 가장 가까운 위치에 있기 때문에 지속 가능한 발전을 위한 시민교육 또는 시민동원을 쉽게 할 수 있다. 또한 「의제 21」에 명시되어 있는 많은 문제들과 해결책이 지방정부의 역할에 달려 있으므로 지방정부의 적극적인 참여가 필요하다는 것이다(지속가능발전협의회).

의제 21(Agenda 21)은 유엔환경개발회의(UNCED)의 실천강령으로, 1992년 6월 브라질의 리우데자이네이루에서 세계 114개국 정상들 간에 리우선언과 함께 채택된 지구환경 보전을 위한 기초적 장전이다. 리우선언이 유엔환경회의의 정신을 담은 총론이라면 그 부속문서인 의제 21은 그 각론인 셈이다. 의제 21은 모두 4개부 39개 주제로 되어 있다. 490쪽에 달하는 방대한 문서에서 대기보전, 가난, 소비패턴, 에너지, 토양, 생물다양성 보존, 삼림보존, 기술 등을 비롯해 모두 115개의 환경보호분야를 망라하고 있다(다음 백과사전).

 2002년 3월 1일자로 환경보호과 환경관리담당(팀장)으로 자리를 옮겼다. 환경관리팀에서는 환경보존 종합계획 수립 및 추진, 환경개선부담금 징수, 환경영향평가, 국토대청결운동 추진, 야생조수 보호, 자연보호활동, 환경단체 활동 지원, 오수 및 분뇨 처리, 가축사육 제한, 공중화장실 관리 등에 관한 업무를 6명이 나눠 처리하였다. 공무원이 일을 맡아 처리하는 과정에서 늘 단점으로 지적되고 있는 것이 잦은 자리 이동으로 인한 업무의 전문성 결여인데 이 부서에 처음으로 근무를 하게 됨에 따라 접하는 모든 업무는 생소한 것이었다. 업무를 직원별로 나누는 과정에서 가장 골치 아픈 일로 대두된 것이 바로 「지방의제 21」 추진기구 구성을 포함한 환경단체 관리업무였으며 내가 맡아 하기로 결정하였다. 특히 정부에서는 「지방의제 21」 추진 기구를 하루 빨리 구성하고 관련 업무를 추진토록 독려하고 있었는데 시의 사정이 여의치 않아 그 시기를 많이 넘기고 있었다. 강원도 내에서는 춘천, 원주, 강릉시 등이 벌써 기구를 구성하여 본격적으로 업무를 추진하고 있는 단계로서 아직까지 기구를 미처 만들지 못한 시·군에 대해서는 권고 내지는 독촉이 심하던 시기였다. 전임자들도 구성의 시급성을 인식한 까닭에 수년 동안 이미 운영 중인 선진도시를 견학하고 자료를 수집하는 등 많은 노력을 기울였으나 결실을 맺지 못하고 있었던 것이다.

환경의 21세기에 대비하여 환경적으로 건전한 도시, 자연환경이 잘 보전된 맑고 깨끗한「전국 제1의 환경시범도시 건설」을 목표로 추진해온 사항을 살펴보면 아래와 같다.

- 1997. 12. 29. 전국 제1호 환경시범시 지정(환경부)
- 1998. 07. 11. 동해시 환경기본조례 제정(조례 제1074호)
- 1998. 12. 31. 환경시범도시건설 종합계획 수립
- 2000. 09. 09. 동해시 자연환경보전조례 제정(조례 제 1193호)
- 2001. 02. 28. 동해시 경관형성조례 제정(조례 제1220호)

내 업무가 된 지방의제 21이 무엇인지 저음 들어보았으므로 그 내용을 전혀 알 수는 없었으나 하루 빨리 추진체계를 갖추어야 한다는 것은 쉽게 인식할 수 있었다. 환경관리 업무를 수행하면서 이 생소한 용어를 자주 접할 수 있었고, 상

급기관의 각종 평가항목에서도 빠지지 않고 등장하였기 때문이다. 우선 구성 책임을 맡은 담당자로서 우리 시의 현재 수준을 파악하고 기본적인 지식을 익히는 것이 급선무였다. 따라서 전임자들이 지방의제 21 전국협의회와 여러 지방자치단체에서 모아 놓은 많은 자료를 이것저것 가리지 않고 틈이 나는 대로 읽고 배웠다. 또한 동해시보다 객관적으로 앞서 있다고 판단되는 강원도 내의 강릉시와 춘천시, 전남의 순천시 등을 견학하면서 직접 실무자들을 만나고 추가적으로 자료를 수집하였다. 뿐만 아니라「지방의제 21 전국협의회」주관으로 개최되는 관련 행사 등에도 참석하면서 협의회의 관계자와 실천가(운동가), 교육 및 연구기관·단체에서 학문적으로 체계화시켜 나가는 사계 전문가, 선도적으로 환경운동을 추진해 나가고 있는 광역 및 기초 지자체 공무원 등과의 안면을 넓히고 관련 자료를 계속 모아나가면서 부족한 지식을 쌓아나갔다.

비록 시작이 늦기는 하였지만 지방의제 21 추진협의회의 구성, 실천과제 확정 발표 및 추진 등 국내·외적인 추세에 맞추어 2001년 3월 하순경에 우리 시도 지방의제 21을 본격적으로 추진키로 기본방침을 정했다. 마침내 4월 초에 시, 의회, 환경 및 사회단체, 기업체 등 18명이 참여하는「지방의제 21 창립준비위원회」를 구성하였다.

다행스러운 것은 위원 모두가 추진의 필요성과 출발이 상당히 늦었음을 공감하였기 때문에 추진기구를 하루 빨리 구성하자는 것에 인식을 같이 하였다. 4월부터 6월 초순까지 준비위원회를 3회 개최하면서 우선적으로 의제 명칭을 「해오름의 고장, 푸른 동해」로 정하였다. 명칭을 정한 이유는 동해의 특성을 대내외에 잘 표현할 수 있음은 물론, 동해시가 지향하는 목표를 포괄한다는 것이었다. 타 지자체의 기구 명칭을 살펴보면 「제일강산 강릉 21」, 「맑고 푸른 춘천 21」, 「아름다운 삶터 종로 21」, 「그린 순천 21」 등이었다. 한 개인이나 단체를 불문하고 대외적으로 자기를 나타내는 이름은 그 무엇보다도 중요하다고 할 수 있다. 준비위원회의 논의과정에서도 예외일 수는 없었으며 가장 깊이 있고 열렬하게, 그리고 오랫동안 안건으로 다뤄진 내용이었다. 이와 함께 추진협의회의 정관(안)과 구성(안) 및 창립총회 개최계획(안) 등을 협의 및 확정하였다.

마침내 2001년 6월 26일 14시부터 16시 30분까지 동해문화예술회관에서 「해오름의 고장, 푸른동해 추진협의회」의 창립총회와 · 기념식 및 초청강연회를 개최하였다. 창립총회는 14시부터 소공연장에서 100여 명의 관련 기관 · 단체장 등이 참석한 가운데 열렸다. 개회 및 국민의례, 경과보고, 임시회장 선출, 정관(안) 의결, 임원 선출 및 분과위원회 구성, 임원 인사, 2001년도 사업계획(안) 의결, 고문 추대 등 25분 동안 일사천리(一瀉千里)로 진행되었다. 정관은 총칙 · 구성·총회·고문·회장단·감사·운영위원회·분과위원회·사무국·재정 등 10장 20개 조문으로 구성되었다. 또한 추진기구는 고문 7명, 회장단 5명, 감사 2명, 운영위원회 17명, 사무국 2명과 자연환경·생활환경·도시개발·사회경제·문화복지·교육홍보 등 6개 분과 111명의 분과위원으로 구성하였다. 이어서 협의회 위원과 기관·단체 임직원, 시민 등 500여 명이 참석한 가운데 14시 30분부터 2시간 동안 대공연장에서 기념식 및 초청강연회가 개최되었다. 개회 및 국민의례, 경과보고, 고문 및 임원(회장단, 감사)소개, 초대 상임회장으로 선출된 홍순성 문화원장의 대회사, 이방웅 동해시장 권한대행·최연희 국회의원·최한식 동해시의회 의장의 축사, 염태영 지방의제 21 전국협의회 사무처장의 「지방의제 21의 이해와 시민참여 방안」, 「지방의제 21 작성의 일반절차」에 대한 초청강연이 이어졌다.

지방의제 21에 관한 업무를 맡은 지 4개월 만에 동해시 추진기구 구성을 마무리하였다. 시장을 비롯한 지휘부에서 구성의 필요성과 시급성을 인식하고 적극적인 관심과 지원을 해주었고, 지역사회 내 환경분야를 중심으로 한 관련 기관 및 단체의 적극적인 관심과 참여의지를 바탕으로 이 일을 앞서 선도적·모범적으로 추진한 지방자치단체와 관련 기구 등의 지원과 협조가 있었기에 가능한 일이었다. 처음에 이 일을 맡았을 때만 해도 어떻게 추진해야 할지 너무 막연하고 답답하였던 것이 사실이었다. 그러나 일을 마무리하고 난 후에는 이런 기회가 내게 주어진 것은 큰 행운이었다는 생각을 갖게 되었다. 무슨 일이든지 처음 시작할 때는 힘들고 두려움을 느끼지만 그런 과정을 극복하고 성과와 결실을 거두게 될 때는 나름대로의 긍지와 보람을 느낄 수 있기 때문이다.

이제 추진기구를 구성한 지 10년째로 접어들고 있다. 요즈음과 같은 지식정보화사회, 혁신적으로 급변하는 사회와는 어울리지 않지만 '10년이면 강산도 변한다'는 말이 있듯이 해오름의 고장, 푸른 동해 추진협의회도 크게 변화하였다. 협의회와 사무국을 구성하기 전까지는 모든 업무를 시청의 환경부서에서 담당하였으므로 전문성·지속성·추진력 등이 다소 미흡하였다. 또한 한 명이 여러 업무를 담당하므로 지방의제 21 업무가 곁다리 업무로 전락될 수밖에 없고 이로 인해 집중과 전념이 어려웠다. 그러나 사무국과 분과위원회 활동이 활성화되면서 크게 성장 발전하였다. 2008년에는 명칭이 「동해시지속가능발전협의회」로 바뀌었는데 의제 21을 바탕으로 지속 가능한 개발을 통해 환경보존과 개발을 조화롭게 하기 위한 21세기에 시민, 기업체, 지방정부가 함께 풀어가야 할 과제란 뜻을 담고 있다. 현재의 기구는 고문 7명, 회장단 3명, 감사 2명, 운영위원회 10명, 사무국 2명, 분과위원회 4개 분과 100명 등으로 바뀌었다. 2010년도에는 1억

3천만의 사업비로 도시경제분과는 원방재 입구 숲길 조성사업 등 3건, 문화복지분과는 선진지 문화정착을 위한 문화탐방사업 등 3건, 교육홍보분과는 동해문화안내자 양성교육 등 3건, 환경분과는 강원환경봉사대학 등 3건, 정책기획사업으로는 살고 싶은 동해 만들기 등 6건 포함 모두 25건의 사업을 추진하였다. 명실상부하게 동해시의 환경 보존 실천운동을 총괄하며 주도해 나가는 단체로 성장한 것이다. 앞으로도 지구와 동해시가 존재하는 날까지 환경보존을 위한 활동을 적극적·지속적으로 펼쳐나가기를 기대해본다.

**양원희(楊元熙)** ————————————————————————————————

한국방송통신대학교 국어국문학과 졸업 (2005)
한국방송통신대학교 관광학과 졸업 (2010)
현) 강원도 동해시청 근무
    한중대학교 경영대학원 호텔카지노관광경영학과 재학

2002년 7월 마라톤 시작
2011년 4월 풀코스 44회 완주, 100km 1회 완주

『마라톤 아무것도 아니다』(2009)
『나는 아직 진행형』(2010)
『마라톤 뛰는 것만이 아니다』(2010)

# 방위병 아버지와
# 병장 아들

초판인쇄 ┃ 2011년 6월 15일
초판발행 ┃ 2011년 6월 15일

지 은 이 ┃ 양원희
펴 낸 이 ┃ 새롬문
펴 낸 곳 ┃ 한국학술정보㈜
주    소 ┃ 경기도 파주시 교하읍 문발리 파주출판문화정보산업단지 513-5
전    화 ┃ 031) 908-3181(대표)
팩    스 ┃ 031) 908-3189
홈페이지 ┃ http://ebook.kstudy.com
E-mail ┃ 출판사업부  publish@kstudy.com
등    록 ┃ 제일산-115호(2000. 6. 19)

ISBN    978-89-268-2257-9 03040 (Paper Book)
        978-89-268-2258-6 08040 (e-Book)

이담
books 는 한국학술정보(주)의 지식실용서 브랜드입니다.